LES

ANNUAIRES PARISIENS

DE MONTAIGNE A DIDOT

1500 à 1900

PAR

Alfred B. BENARD

Membre fondateur de la Société de Statistique de Paris

« Ce livre de bonne foy vous advertit dez
l'entrée que je ne me suis proposé aucune
fin privée. »

MONTAIGNE, 1580.

« J'accepterai la place de Directeur de l'Imprimerie royale à la condition que je
ne recevrai point de traitement. »

F. DIDOT, 1830.

PARIS

GUILLAUMIN ET Cie, ÉDITEURS

De la Collection des principaux Économistes, du Journal des Économistes,
du Dictionnaire de l'Économie politique,
du Dictionnaire universel du Commerce et de la Navigation, etc.

Rue Richelieu, 14

LES

ANNUAIRES PARISIENS

DE MONTAIGNE A DIDOT

1500 à 1900

OUVRAGES DU MÊME AUTEUR

La politique des travailleurs. *Paris, 1848* (15 pages).
Approuvé en son temps par Monseigneur l'Archevêque de Paris, il en a été rede-
mandé en 1870 une nouvelle édition pour les blessés convalescents.

Mémoire sur le commerce et l'industrie. *Paris, 1850* (60 pages).
Étude faite sur l'invitation de la Société d'encouragement pour l'Industrie nationale.

L'office industriel, en trois parties. *Paris, 1852* (75 pages).
Paiements immédiats aux moyennes et petites fabriques par l'escompte des fac-
tures. Projet présenté au gouvernement par les patrons de quinze mille ouvriers.

Statistique des fabriques du centre parisien. *Paris, 1854* (50 pages).
Détaché des 2,800 rapports nationaux et imprimé en vertu d'un arrêté du Ministre
du commerce.

La panification du gluten frais. *Paris, 1861* (30 pages).
Guérison du diabète et bonification du pain. Honoré des remerciements du Sénat
et des Préfets. Diplôme officiel de Porto-Rico.

Importation du bitume de Cuba. *Poissy, 1862* (10 pages).
Nouvel élément de fret de retour exempt de droit d'entrée.

Exportation de constructions de luxe. *Paris, 1864* (35 pages).
Création d'un important fret de sortie. Érigées à Saint-Thomas des Antilles da-
noises. Les types déposés au Génie militaire par ordre du Ministre de la guerre.

Le traité de commerce franco-allemand. *Paris, 1865* (30 pages).
Factoreries internationales. Importance relative des consuls. La parfumerie des
deux pays.

Le travail parisien en métaux précieux. *Paris, 1866* (40 pages).
Réponse aux questions de la Chambre syndicale de la Bijouterie. Ma proposition
d'un quatrième titre d'or.

Chambre des fabricants français, en trois livraisons. *Havre, 1868* (50 pages).
Alliance nationale de nos syndicats professionnels.

Lettres patriotiques d'un volontaire de la guerre. *Paris, 1870* (10 pages).
Conseils pour parer aux suites économiques des événements.

Décentralisation industrielle. *Paris, 1871* (10 pages).
Déplacements manufacturiers à bon marché. Théorie conforme aux conclusions de
la Commission législative.

Les titres de l'or et de l'argent. *Havre, 1873* (12 pages).
Développements complémentaires de mon étude de 1866 relative aux ouvrages en
métaux fins.

Réforme de la publicité industrielle. *Havre 1877* (8 pages).
Nouveau mode de propagation à l'extérieur de nos annonces et prix-courants,
catalogues et prospectus.

Création d'une Chambre consulaire. *Havre, 1878* (4 pages).
Un centre consulaire dans Paris avec membres officiels (consuls), membres offi-
cieux (syndics) et aspirants (élèves).

Le progrès syndical. *Paris, 1881* (40 pages).
Vulgarisation des idées économiques de Gambetta. Le banquet du 25 mars 1881.
Mes six conférences.

Les consuls français et le Moniteur. *Pithiviers, 1885* (30 pages).
Avantages et inconvénients des consulats existants. Résumé de nombreux rapports
consulaires.

L'intervention géographique en trois lettres. *Arcis, 1890* (6 pages).
Participation des explorateurs français à nos efforts économiques.

Walhalla et Perspective Alexandre. *Havre, 1895* (50 pages).
Exposition 1900. Pensée première de consacrer par une voie publique le souvenir de
l'alliance franco-russe.

Les annuaires parisiens.

LES
ANNUAIRES PARISIENS

DE MONTAIGNE A DIDOT

1500 à 1900

PAR

Alfred B. BÉNARD

Membre fondateur de la Société de Statistique de Paris

« Ce livre de bonne foy vous advertit dès
l'entrée que je ne me suis proposé aulcune
fin privée. »
MONTAIGNE, 1580.

« J'accepterai la place de Directeur de l'Imprimerie royale à la condition que je
ne recevrai point de traitement. »
F. DIDOT, 1830.

HAVRE
IMPRIMERIE LEMALE ET Cie
3, RUE DE LA BOURSE, 3
—
1897

A LA MÉMOIRE

DE TROIS JEUNES PATRIOTES

MES NEVEUX MORTS SOUS LES DRAPEAUX

à

BUZENVAL
1871

BLIDAH
1891

VERDÚN
1894

A. B.

PRÉFACE

Depuis que le culte de l'argent a passé de la petite minorité à la grande majorité, il est bien peu d'opérations qui échappent à la vigilante attention de la féodalité moderne.

Preuve notre vieux Bottin, le plus vénérable de tous les livres d'adresses. Lui aussi a été cueilli par la haute finance. C'est le moment ou jamais d'écrire son histoire.

Des hommes actifs et avisés se sont légitimement emparés de la formidable affaire. Il faut avouer que cette entreprise Didot en valait la peine.

Mais des femmes de cœur et de labeur aspirent à l'honneur de faire concurrence au Didot-Bottin en le rajeunissant. Patriotique tentative qui mérite encouragement.

A cet effet elles demandent aide et assistance. Je n'hésite à répondre : Me voici!

A. B.

Paris, 1er janvier 1897.

LES
ANNUAIRES PARISIENS
DE MONTAIGNE A DIDOT
1500 à 1900

———————◆×◆———————

INTRODUCTION

Brillat-Savarin, député en 1789, magistrat en 1796 et gastronome à ses heures, a publié en 1825 son étincelante *Physiologie du goût* où il dit : « Tout le monde mange; rares sont les personnes qui savent manger. »

C'est une métaphore qui peut s'appliquer au *Bottin*, l'énorme livre d'adresses que tout le monde connaît, mais dont bien peu de personnes savent l'histoire. Elle est autrement intéressante, autrement instructive que la plupart des romans du jour.

Eh bien, je vais vous en faire connaître les curieuses périodes antérieure, contemporaine et future. Ennemi toutefois des exposés prolixes, je m'efforcerai d'être clair; car la plupart des grandes entreprises — et le formidable *Bottin* en est une — parcourent trois phases distinctes : la gestation idéale, le développement théorique, l'application pratique. Or, le but de cet écrit sera mieux compris quand nous aurons étudié l'influence technique des annuaires avant, pendant et après la Révolution,

Il me semble utile cependant de faire précéder ces trois études d'une courte introduction.

∴

Quoique absolument inconscients des avantages d'annuaires professionnels, gouvernants et gouvernés des temps passés ne s'en sont pas moins rapprochés soit par raison d'État ou motif fiscal, soit pour cause de labeur, mais les uns comme les autres par la statistique sans le savoir (1).

Rappelons pour mémoire les recenseurs (*missi dominici*, les envoyés du maître) de l'Empereur Charlemagne, en 800.

Je citerai ensuite *le Dictionnaire* du grammairien Garlande avec ses relevés des travailleurs sous Philippe Ier en 1080 et Louis-le-Gros en 1120, tant pour les choses de la paix comme culture du sol, nourriture, vêtements, meubles et outils, que pour les choses de la guerre tels qu'instruments de combat, armes et armures. Les qualifications nominatives de ce *Dictionnaire* étaient tantôt professionnelles, tantôt locales, parfois triviales.

Je puis encore vous nommer Gainklan, le savant moine breton qui créa vers 1250 les *Diagonon al manah*, en français les prophéties du moine. Ces publications étaient presque exclusivement réservées aux érudits des monastères.

Le quatorzième siècle, année 1300, nous présente un roi avide lui aussi d'adresses, mais ni pour les arts ni pour les métiers, simplement pour mieux pressurer la bourse de ses sujets au profit de la sienne. La taille (liste des contributions) au temps de Philippe-le-Bel pouvait presque rivaliser avec nos *Bottins*. Elles nous apprennent que dans les 350 rues, que renfermait Paris sous Philippe IV, il y avait 215,000 habitants dont 15,000 scrupuleusement notés pour l'impôt. C'étaient d'abord les Lombards ou financiers catholiques, ensuite les Hébreux ou négociants israélites (2). Les Rothschild de l'époque étaient parmi les catholiques le banquier Gandouffle, de la rue Saint-Merri, estimé à cent quarante mille francs de fortune; parmi les israélites, le changeur Benoît Bocachard, de la rue de Moussy, possédant trente mille francs. Par contre il y eut, toujours suivant le *Bottin* du roi Philippe, des paroisses de déshérités comme celle de Saint-Germain-

---

(1) Évidemment « sans le savoir ». Car la science de la Statistique n'a été créée que vers 1750 par l'érudit Gottlieb Aschenwall, professeur à l'Université de Marbourg en Hesse. Il naquit en 1719, à Elbing (Pologne prussienne) et mourut en 1772, à Göttingue en Westphalie.

(2) L'on sait qu'au temps de Philippe-le-Bel il n'existait pas encore de protestants, de même que notre pays ne comptait point de musulmans. Les quatre dogmes religieux de la France moderne datent :

Le culte israélite de trente-cinq siècles, reçoit de l'État 160,000 francs par an.
Le culte catholique de dix-neuf siècles, — 37 millions —
Le culte mahométan de treize siècles, — 800,000 francs —
Le culte protestant de trois siècles et demi. — 1,275,000 francs —

des-Prés dont le plus pauvre, et comme tel exempt de la taille, était un malheureux du nom de Napoléon (Néapolion)!

Il y avait bien de 1300 à 1600 certains annuaires; mais c'étaient des almanachs à la façon de Gainklan, c'est-à-dire des publications annuelles d'éphémérides, de précis historiques et biographiques, voire des prophéties. Les plus connus étaient, en 1493, *le Compost des bergers*, en 1530 l'*Almanach* de Rabelais, en 1540 *le Livre de l'État*. Ce dernier — chose étrange — prédisait au seizième siècle pour les années 1789 et 1814 de graves perturbations politiques et sociales : « En mil-sept-cent-octante-neuf et oultre vingt-cinq ans après, de grandes altérations en cestuy universel monde, mêmement quant aux sectes (cultes) et aux loyx..... »

Nonobstant perçait çà et là l'idée de joindre aux noms des immatriculés l'énonciation des qualités individuelles. Malheureusement durant deux siècles, de 1550 à 1750, on voyait dans la publicité d'indications de la sorte une atteinte portée à la vie privée. En cela nos aïeux s'accordèrent avec l'ami de l'apôtre Saint-Paul, le philosophe latin Sénèque, qui taxait d'ostentation futile la manie des Romains d'indiquer sur leurs tablettes les demeures des patriciens.

Réminiscence ou non, en 1630 le hardi Renaudot ne communiqua son *Inventaire* que dans l'arrière-salle de son officine. En 1716, Ribon, éditeur circonspect, n'imprima son *Guide* que sous forme anonyme. En 1770 le vaillant Chantoiseau même se croit obligé de faire cette réserve sinon cette excuse : « Sans vouloir blesser qui que ce soit, on désignera le genre de travail que chacun a singulièrement (personnellement) adopté. » Et en 1775, sous le règne de Louis XVI, Roseray considère encore cette publicité comme « hasardée ».

Enfin ces jalons historiques posés, procédons à l'examen de nos annuaires commerciaux proprement dits en commençant par leur gestation.

PREMIÈRE PÉRIODE

(1550 -- 1788)

Avis commerciaux, par MONTAIGNE.

1550.

L'idée primordiale d'un *Moyen de nous entr'advertir au profit du commerce publique* appartient au chevalier Eyquem de Montaigne qui fut maire de Bordeaux de 1536 à 1554. Non seulement son fils le constate en 1580 dans ses *Essais*, livre Iᵉʳ, chapitre 34, mais l'avocat Laffémas en 1606, mais le journaliste Renaudot en 1630, voire l'imprimeur Beaumont en 1760, reconnaissent tous ce mérite au père du grand philosophe.

Durant les cinquante-quatre années que Montaigne le père vécut sous la branche des Orléans d'Angoulème — François Iᵉʳ, Henri II, François II et Charles IX — il évoqua quatre fois en vain sa proposition des *Avis commerciaux*. Il est probable que ce beau projet serait resté à l'état de problème sans l'intervention de deux personnes de marque qui se sont fort heureusement rencontrées à cette fin du vivant de son fils, sous le règne de Henri IV.

C'était d'une part, le dauphinois Laffémas père, écrivain agréablement fécond; d'autre part, la spirituelle Mademoiselle de Gournay, qui conçut à l'âge de 18 ans la plus vive admiration pour le moraliste Montaigne, alors âgé de cinquante ans.

Isaac de Laffémas, l'avocat sus-mentionné, était le fils du sieur Barthélemy de Laffémas de Humont, valet de chambre de Henri IV. Ce papa était très instruit, mais ayant l'imagination passablement vagabonde. Grâce à son royal protecteur, Laffémas de Humont devint Contrôleur général du commerce. Précurseur au dix-septième siècle de notre Girardin du dix-neuvième, il eut « une idée par jour ». Après son histoire du *Commerce en France*, il publia *le Travail en manufactures*, puis *l'État en splendeur*, ensuite *l'Abus des charlatans*, etc., etc.

∴

Les adresses utiles, par Laffémas.

1608.

Ce fut l'époque où Mademoiselle Le Jars de Gournay, *fille d'alliance* (fille adoptive) du grand Montaigne, publia *les Essais* de son protecteur, mort en 1592, en en réchauffant la célébrité de toute la chaleur de son enthousiasme (3).

Le Contrôleur royal, enflammé, disent les uns, par la vulgarisation et aussi, prétendent les autres, par la belle vulgarisatrice, Barthélemy, dis-je, rendit hommage à la dame de ses pensées en consacrant l'idée du père de son idole, moyennant un *Annuaire d'adresses utiles*. En vue de cette publication il divisa Paris en circonscriptions cardinales : nord, sud, est, ouest, attribuant un numéro d'ordre à chaque voie publique, un autre à chaque profession.

Mais cette division, déjà mentionnée par Aristote dans sa *Politique*, livre II, chapitre 5, n'était autre que la répartition des villes en quartiers et rues conçue par Hippodamus de Milet, ville qui fut dans l'antiquité l'un des principaux centres commerçants de l'Asie mineure. Hippodamus en fit la première application au Pirée au temps où cette bourgade de 7,000 âmes, qui donne son nom au port d'Athènes, se trouva réunie à la capitale de la Grèce par les fameuses murailles de Thémistocle, bâties cinq siècles avant notre ère.

Un bon résultat eurent *les Adresses utiles*, mais éphémère seulement. Car le poignard du régicide Ravaillac refoula au 14 mai 1610 loin de la Cour les Laffémas et leur annuaire. Ils n'ont fait que semer ce qu'un autre protégé princier a récolté. J'ai nommé Renaudot.

* *

---

(3) A propos de ces *Essais*, Mademoiselle Le Jars appela l'immensité divine « une sphère infinie dont le centre est partout et la circonférence nulle part ». Laffémas apprit par elle que le cardinal Bonaventure en 1250, le sage docteur Gerson en 1400, le curé Rabelais en 1500 s'étaient déjà servis de cette parabole sublime imaginée en réalité par le philosophe sicilien Empédocle, 444 avant J.-C.

L'Inventaire d'adresses, par RENAUDOT.

1630.

Docteur-chimiste de Loudun, petite ville du département de la Vienne, Théophraste Renaudot jouissait des faveurs de l'Éminence grise de l'abbaye de Fontevrault, le Père Joseph Le Clerc du Tremblay. Aussi fut-il nommé par Richelieu médecin de Louis XIII et Commissaire royal des pauvres valides et invalides. Il alla demeurer dans la Cité, rue de la Calandre, près du Palais de Justice.

Progressiste inventif, il installa là un *Inventaire d'adresses* à consulter sur place pour trois sols les riches, et pour rien les pauvres. Inutile de dire que la majorité des chercheurs furent ces derniers. Ses fréquents rapports avec eux lui suggérèrent la création de prêts sur gages (Mont-de-Piété).

Encouragé par le double succès et par la faveur qui accueillit les premiers journaux européens, les *Nieuwe Tydingen* d'Anvers 1605, et *la Gazette des Postes* de Francfort 1625, enfin *la Gazette burlesque* de Loret, avec ses timbres d'affranchissement, il fit paraître, le 25 mai 1631, le premier journal français sous le titre de *Gazette*.

A propos de cette feuille, il eut l'habileté de se faire octroyer un privilège qui passa à sa mort à son fils Isaac, au décès d'Isaac à son petit-fils Eusèbe et, après celui-ci, à l'arrière petit-fils François auquel Louis XIV accorda un logement au Louvre (4).

*
* *

---

(4) Fin décembre 1631 Renaudot offrit au Roi les trente premiers numéros de sa Gazette avec cette dédicace :

« Sire, c'est une remarque digne de l'histoire que dessous 63 Rois la France ne se soit point avisée de publier des Nouvelles tant domestiques qu'étrangères. Mais la mémoire des hommes est trop labile pour lui fier toutes les merveilles dont Votre Majesté remplit le septentrion et le continent. Il la faut soulager par des écrits qui volent par tous les coins de la terre. C'est ce que je fais d'autant plus hardiment que Votre bonté, Sire, ne dédaigne pas la lecture de ces feuilles qui n'ont de petit que leur volume et mon style. »

Et aux Superbes il disait : « Aux Princes et aux États étrangers je ferai la prière de ne point fermer le passage à mes Nouvelles ; car c'est une marchandise de la nature des torrents : il se grossit par la résistance. »

L'almanach royal, par LAURENT D'HOURY.

1683.

En fait de faveurs, la dernière était de trop. Car elle excitait la jalousie de Houry, imprimeur attitré du duc d'Orléans, frère du roi. Aussi Sa Majesté ayant signalé à ses favoris l'utilité d'un memento des personnages de sa suite, c'était Laurent d'Houry qui fut chargé de l'agenda de la Cour, volume qui est devenu plus tard *l'Almanach royal.*

Pendant près d'un siècle le noble vocabulaire est resté la propriété d'une même famille. De Laurent d'Houry il passa en 1725 à sa veuve qui le céda en 1745 à son petit-fils Le Breton. Ce dernier le transmit en 1779 à son cousin Charles d'Houry auquel succéda en 1789 son parent De Bure-Didot. Le premier de ces almanachs eut 60 pages et se vendit 6 francs. Aujourd'hui il compte 1,600 pages et coûte, chez Berger-Levrault, 16 francs.

Voulez-vous connaître maintenant les variantes de cette publication depuis Louis XIV jusqu'à nos jours ? En voici le tableau :

sous les Bourbons	Almanach	royal	par d'Houry Le Breton.
— la Révolution	—	national	— François de Bure.
— le premier Empire	—	impérial	— la maison Testu.
— les Cent-Jours	—	de France	— la veuve Jeunehomme.
— la Restauration	—	royal	— l'éditeur Guyot.
— Louis-Philippe	—	royal national	— l'éditeur Scribe.
— Napoléon III	—	impérial	— Guyot et Scribe.
— la 3e République	—	national	— Berger-Levrault.

soit en deux siècles onze titulaires sous huit régimes politiques.

Le livre commode, par DU PRADEL.

1692.

Neuf années s'étaient écoulées depuis le triomphe du protégé de Philippe d'Orléans, quand parut sur la scène parisienne Abraham Du Pradel, de Lyon, chirurgien et mathématicien, de son vrai nom Nicolas Blégny.

Aiguillonné par le bruit que fit de 1680 à 1690 le *London directory* (l'annuaire de Londres) si pratique et si utile, Blégny Du Pradel fit éclore les adresses de son *Livre commode* avec *additions* (annonces) comme celles-ci :

« Barbiers-baigneurs pour la propreté du corps humain chez Dubois, où les dames sont lavées par Mademoiselle sa femme. — Coiffures stilées (coiffures de bal). — Eau catholique (extrait de senteur). — Équipages de guerre (équipements militaires). — Orlogeurs de précision (chronomètres), etc., etc. »

Les *additions* de Pradel nous apprennent en outre que l'outil calligraphique (la plume d'acier) a été imaginé et vendu en France dès 1690.

Constatons en l'honneur des Anglais que, loin de contester, leurs meilleurs encyclopédistes tels que Blackie et Chamberson, l'attribuent à Wise en 1803 seulement, à Donkin en 1808, enfin à Mason en 1823 qui a laissé en mourant plusieurs millions à ses enfants. Longtemps Mason ne fabriqua ses plumes que pour Perry, riche instituteur à Londres qui fit payer les premières de ses *Perryan pens* jusqu'à 15 francs la douzaine.

A ce prix l'américain Hawkins opposa vers 1830 ses plumes d'iridium et d'osmium garnies de pointes en rubis. Mais le bon public d'alors ignorait qu'à la même époque Paris possédait déjà un jeune et modeste lithographe qui offrit au célèbre Senefelder, inventeur de la lithographie, des plumes à pointe diamantée de son invention, outil précieux qui depuis a fait le tour du monde. Ce génie à la fois technique et artistique est M. Dondorf, de Francfort, qui vit encore et dont les fils dirigent un établissement d'arts graphiques unique en son genre.

Notons que leur père, durant son long séjour parmi nous, fit reproduire par le burin et répandre au loin nombre de nos merveilles du Louvre. En citant, entre beaucoup d'autres, la Vierge de Raphaël par Henriquel Dupont, on appréciera les services rendus à notre prestige artistique par cet éminent étranger.

Un mot encore à ce propos. La maison Dondorf n'a jamais exposé ses produits; ce qui n'a pas empêché que, par sa seule initiative et à la suite d'un concours entre les principaux établissements graphiques de l'Europe, elle a été officiellement chargée de travaux considérables pour l'Extrême-Orient.

Cette justice rendue à qui de droit, retournons à nos almanachs.

Le guide commercial, par Ribon.

1716.

Autant Du Pradel fut prolixe, autant son imitateur anonyme — qui n'était autre que le prudent Ribon — s'est plu dans les sommaires. Sans circonlocutions, son *Guide* nous introduit dans les quartiers du commerce et des écoles.

A l'époque où Christofali de Padoue et Schröter d'Erfurt détronèrent la spinetta italienne par l'invention du marteau comme facteur sonore, malgré cette révolution instrumentale l'annuaire de Ribon informe ses souscripteurs qu'après comme avant il y a toujours de bons maîtres de clavecin au faubourg Saint-Germain. Par contre, des professeurs d'équitation, des maîtres d'armes et des moniteurs du jeu de paume dans la rue des Canettes. Pour les mathématiques, la physique et la chimie, il indique la rue Saint-Benoît, pour les livres et la papeterie le quartier de la Monnaie.

Les engagements (toilettes de dames) et les tours de gorge (dentelles) se trouvent, suivant *le Guide commercial*, au quai de Gèvres, les tissus de luxe (brocarts) rue Sainte-Avoye, les gants de Rome et de Blois rue de l'Arbre-Sec.

Cheveux et postiches rue Saint-André des arts, bijoux de Savoyards (bijouterie fausse) rue Saint-Jean-de-Latran, et colifichets enfantins (faux bijoux pour fillettes) rue Saint-Martin.

Pommes de Chine (oranges) rue des Lombards, liqueurs potables (café, thé, chocolat) rue de la Huchette. La principale maison de santé (restaurant) rue des Fossés-Saint-Germain. Les deux plus grands hôtels parisiens, au temps de Ribon, étaient l'hôtel d'Entragues rue de Tournon, et le Grand Moïse rue Princesse.

Plus haut, j'ai noté l'indication du *Guide* de 1716 en matière de pianos. Ici je prends la liberté de signaler aux dames qui s'intéressent en 1897 au « pouvoir des instruments et à la hiérarchie des voix » le très instructif compte rendu de l'Académie sur « la psychologie et l'esthétique musicales » (5).

---

(5) Le piano de Carmen Sylva, celui de Sir Marynaud comme celui de M. Vanderbilt, sont des instruments de 75,000 à 100,000 francs! Dans ces meubles une merveilleuse construction s'allie à la richesse des matériaux et à d'admirables peintures de maîtres rehaussées par des motifs d'or et d'argent, perles fines et pierres précieuses, enfin par des pieds en ivoire sculpté.

Les arts et métiers, par un Citoyen.

1750.

Voici venir un autre anonyme qui signe *un Citoyen*, mais dont l'histoire ne nous a pas révélé le nom. Son travail éveilla la curiosité publique moins pour son *Almanach des arts et métiers* que pour ses nombreuses notions statistiques et historiques.

« Paris, nous raconte-t-il, qui renfermait en 1720 près de 750,000 personnes dont 150,000 domestiques, compte maintenant près d'un million de têtes. » Et notre *Citoyen* de 1750 loge son million d'individus en 23,000 maisons, 1,050 rues et 2,000 boutiques. Aujourd'hui (1897) nous recensons 75,000 maisons, 3,000 voies et environ 6,000 magasins.

L'*almanach des arts et métiers* nous informe que parmi les métiers existant de son temps dans la capitale, on comptait dix professions principales ainsi réparties :

imprimeurs	emballeurs	fayenciers	fruitières	gantiers	horlogers	restaurants	lingères	couturières	tailleurs
50	175	250	330	315	350	425	800	1500	1800

chiffres qui correspondraient aujourd'hui aux nombres de :

225	350	300	2800	340	1800	4800	1400	5000	3000

Faut-il vous parler aussi de ses récits historiques ? Je ne vous en citerai qu'un seul qui nous reporte, il est vrai, à trois siècles en arrière, mais qui vaut la peine d'être rappelé. Écoutez *le Citoyen* :

Le commerce a bien fait quelques pas sous Charles VII contemporain de Jeanne d'Arc, mais infiniment plus sous le règne de son fils rebelle, Louis XI.

D'un naturel ardent et impitoyable, tous les moyens semblaient bon à ce Roi cruel pour imposer ses idées de progrès. A une époque de coutumes séparatistes (1470), il aspirait, lui, à l'unité des lois aussi bien qu'à l'uniformité des poids et mesures. L'industrie n'étant encore que municipale, il entreprit de la rendre nationale, convoquant les marchands les plus notoires en un Grand-Conseil. Il provoqua ainsi des manufactures, augmenta les foires et décréta l'exploitation de nos mines. Il améliora les transports, institua la poste aux chevaux et attira, moyennant privilèges, nombre d'artisans étrangers.

Louis, ayant appris que le chevalier Gensfleisch à Mayence en Germanie était adextre (fort habile) en taille de caractères, il y envoya son graveur Jenson avec la mission secrète d'enlever subtilement l'invention sinon l'inventeur. La chose n'était pas facile. On était longtemps sans nouvelles du chef de la monnaie de Tours (Jenson) lorsqu'on vit arriver, sans lui, trois des plus adroits valets (ouvriers) de messire Gensfleisch Sorgenloch de Guttemberg. Le Roi leur délivra des lettres-patentes de naturalisation et fit installer au *Concile des Gaules* (6) la première imprimerie française. En 1500 à la Sorbonne, en 1600 aux Tuileries, en 1700 au Louvre, en 1800 à l'hôtel Penthièvre (Banque de France). Depuis 1808 l'imprimerie nationale se trouve rue Vieille-du-Temple dans le palais des Ducs de Guise, son local actuel.

Avant de reprendre ma chronologie des livres d'adresses, je vais vous conter un fait connexe que j'aurais volontiers passé sous silence, n'était la véracité le premier devoir de l'écrivain.

Arrivé à Strasbourg avec ses Allemands, Nicolas Jenson les engagea à changer de route en se dirigeant par Lyon sur Marseille. Les trois artisans refusèrent, et comme il insistait, Ulric Guering, leur aîné, riposta : « Parole de Germain, honneur de l'Allemand », (*deutsches wort, deutsché éhré*) « Syre Louis nous a mandés, auprès de Syre nous allons ». Et pendant que les braves ouvriers prirent la route de France, Jenson se rendit à Venise où, grâce à ce transfuge, l'Italie a pu exécuter ces beaux travaux typographiques qui font encore aujourd'hui l'admiration du monde.

Cette fugue du célèbre inventeur des caractères romains, jouissant de la confiance de son souverain, est-elle excusable ? Certes, non. Dans l'esthétique graphique, ce Français, mécontent de son Roi, a favorisé l'étranger et enrichi l'Italie, de 1470 à 1480, des splendides résultats de la plus merveilleuse des inventions modernes. Alors même que la mort tragique du frère de Louis XI (le duc de Berry), que les souffrances du cardinal de La Balue, son ministre, que les horribles supplices des ennemis du trône (Saint-Pol et d'Armagnac) eussent ébranlé sa fidélité à son prince, Jenson ne mérite pas moins d'être flétri. Tout ce qui concourt à la gloire de la patrie, doit nous être sacré. Point de circonstances atténuantes pour quiconque méconnaît ce credo du patriotisme.

---

(6) *Le Concile des Gaules*, institué en 1250 par Louis IX (Saint-Louis), était une confrérie chargée de la défense du dogme catholique et dont le théologien Robert, né en 1200 à Sorbon en Ardennes, fut le Proviseur. De là son nom Robert de Sorbon et, après sa mort qui survint en 1275, l'appellation de *Sorbonne* pour la congrégation par lui fondée.

L'État de Paris, par Hérissant.

1758.

Pas jolie cette petite histoire-là. Que voulez-vous ? On n'est pas toujours en veine. Et *l'État de Paris*, un almanach d'informations plutôt que d'adresses que nous offre l'habile Hérissant, l'inventeur de la réclame, n'est pas non plus une lumière sans ombre. Patience, bientôt Chantoiseau nous en dédommagera ; car la seconde moitié du XVIIIᵉ siècle, 1750 à 1780, est la plus féconde en matière d'annuaires.

D'après les informations mercantiles de *l'État de Paris*, la Compagnie des Indes — françaises s'entend — qui figure en tête de ses adresses, est florissante depuis 1718. Quelle exagération dans cette réclame !

M'est avis qu'il s'agissait dans l'espèce de l'association maritime fondée en 1664 à Lorient par le grand Colbert, ministre des finances de Louis XIV. Peu heureuse à Madagascar, où les Français avaient pourtant des factoreries depuis 1642, et protégée par l'édit royal de 1686 déclarant l'île pays de la Couronne, la dite Compagnie ne fut plus florissante en 1718 comme le prétend Hérissant. À cette époque elle fut, au contraire, cédée à Law de Lauriston, l'ex-orfèvre écossais, ce fameux agioteur de la rue Quincampoix qui enseigna aux Parisiens l'usage et l'abus du crédit public, les reports à l'heure par exemple. Or, en juin 1750 la banque de Law était en pleine déconfiture et en 1758, année de l'almanach de *l'État de Paris*, commença la décadence de la Compagnie des Indes qui fut dissoute sous Louis XV vers 1768.

Je suppose que Hérissant confondit nos comptoirs à Madagascar avec ceux de Pondichéry où nos tentatives furent plus heureuses. Preuve la chanson du *Joyeux subrécargue* que, depuis leur premier retour des Indes (1666), nos matelots lorientais fredonnaient toujours en carguant leurs voiles de bâbord à tribord et dont voici le refrain :

Quittant nos chantiers maritimes
Vaisseaux marchands ou de haut-bord,
Bondissant sur les flots sublimes
Pondichéry, Chandernagor.

Au temps de la réclame de *l'État de Paris* on chantonnait

encore ainsi. Mais un important organe de publicité, *l'Écho de la marine*, y coupa court en 1766. Un patriote, outré de tant de présomption, répondit dans *l'Écho* par une chanson contraire peu flatteuse pour notre commerce d'exportation. On prétend que le texte en a disparu. Soit. Mais un fureteur érudit m'a assuré qu'on en retrouve l'esprit dans les couplets des *Deux Reines*, comédie historique représentée à Paris de 1835 à 1840.

Adieu mon beau navire	Nous n'irons plus ensemble
Aux grands mâts pavoisés,	Voir l'Équateur en feu,
Je te quitte et puis dire	Mexique où le sol tremble
Mes beaux jours sont passés.	Et l'Espagne au ciel bleu.

En somme, il vaut mieux puiser dans l'almanach Hérissant des enseignements que d'y chercher des renseignements.

. .

Le tableau de Paris, par BEAUMONT.

1763.

Du plaisant au sévère, dit le poète, il n'y a souvent qu'un pas.

Nous abordons *Le Tableau de Paris*, édité par Beaumont. Prière de ne pas confondre cet almanach avec *Le Tableau de Paris* que l'érudit critique de mœurs, Sébastien Mercier, a publié en 1780.

Notre tableau à nous débute, à l'instar du précédent annuaire, par l'exposé d'une nouvelle Compagnie française des Indes dont le financier Necker, le ministre futur, fut le promoteur dirigeant. Mais lorsque Necker s'y fit remplacer par Gilly, son collaborateur, l'autorité imposa à la Compagnie un cautionnement d'un demi-million, somme qui équivaudrait de nos jours à trois millions de francs.

Outre cette Compagnie, *le Tableau* de Beaumont entre dans d'intéressants mais parfois trop complaisants détails sur la grande Maison de commission pour industrie, commerce et banque établie, on suppose, sous l'aile de l'autre. Comme particularité, l'annuaire de Beaumont présente un beau plan de Paris suivi d'un curieux calendrier historique qui s'arrête, on ne sait pourquoi, à l'année 1600.

Adresses à part, rien autre de particulier. *Le Tableau de Paris* de Beaumont ne valant ni plus ni moins que la plupart des almanachs antérieurs, j'ai hâte de passer aux suivants.

.·.

Le Guide des marchands, par DUCHESNE.

1766.

A peine trois ans sont expirés qu'on voit s'étaler *Le Guide des marchands* par l'imprimeur Duchesne.

En tant qu'annuaire mercantile, cet ouvrage semble une imitation corrigée du *Guide Ribon* de 1715.

Comme nouveauté, on peut lui emprunter celle des cartes-adresses extraites du carnet des artistes attachés au *Menus plaisirs* du Roi. Ce fut Constantin, *le roi des violons*, c'est-à-dire le syndic de la corporation des ménestrels et, comme tel, le premier violoniste de la Cour de Louis XV, qui osa conseiller la carte professionnelle pour les musiciens d'abord et bientôt après pour les différents métiers. Cette innovation hardie suscita pas mal de difficultés, moins à cause du principe qu'en raison de son application; car messieurs des *Menus plaisirs* eurent l'idée saugrenue de coller sur le verso de leurs cartes une gravure représentant un cotillon dansé par la jeunesse blasonnée au petit-lever du Roi lors de l'accession de la Lorraine à la France.

Un bon conseil que nous devons au *Guide des marchands*, est celui qu'il donna aux fabricants et aux négociants, ses souscripteurs, de faire imprimer en tête de leurs lettres missives, les noms ou les enseignes des signataires et ce, ajouta-t-il naïvement, « tout aussi bien des patrons que des clercs, les signatures des uns comme des autres étant le plus souvent indéchiffrables ».

Et de nos jours donc ? Tant il est vrai que « plus ça change, plus c'est la même chose », vérité dont tout à l'heure vous aurez une autre preuve.

.·.

L'almanach général, par Chantoiseau.

1770.

Cette preuve, nous la trouvons dans la prescience du vaillant Roze de Chantoiseau. Honneur aux mânes de ce protagoniste des *Bottins* passés, présents et futurs. En effet, la première adjonction logique des spécialités professionnelles aux noms relevés par Chantoiseau se trouve dans son *Almanach général*, adjonction, dit-il, des prénons, surnoms, enseignes et anecdotes (spécialités), le tout pour trois francs et quinze sols. C'est le prototype de nos annuaires modernes qui justifie son titre en tous points. Vous allez voir :

« Les avantages inestimables de l'Almanach royal qui indique les noms et les demeures des officiers de Cour, (fonctionnaires), des personnes de robe (magistrats) et des hommes d'épée (militaires), m'ont fait naître le dessein — c'est Chantoiseau qui parle — de faire pareillement un ouvrage indicatif des fabricants et marchands, courtiers et artistes du royaume en recouvrant même les domiciles de ceux qui seraient transplantés d'un lieu à un autre.

« Dans l'horlogerie, par exemple, l'un est pour le roulant (mouvement), l'autre pour la cadrature (les aiguilles). Dans la gravure, tel est pour les métaux, tel autre pour la lettre, la musique, etc.

« Dans la peinture, l'un pour le portrait ou le paysage, l'autre pour l'ornement, celui-ci ne peint qu'au pastel, celui-là en miniature seulement. »

Aussi les cent vingt professions exercées dans Paris en 1770 se trouvent correctement classées dans l'ouvrage. Et sans circonlocutions oiseuses, *l'Almanach général* indique les qualités et les spécialités de ses recensés avec une laconique précision. Toute proportion gardée, le travail de Chantoiseau était aussi bien conçu et aussi bien exécuté que notre incommensurable Didot-Bottin d'aujourd'hui.

A propos de transplantations (déplacements) dont nous parle Chantoiseau, laissez-moi, avant de passer outre, vous raconter une instructive historiette.

Parmi les perruquiers en vogue *l'Almanach général* signale Lacroix, coiffeur de la Cour de Versailles. Mais comme Lacroix, spécialiste fortuné, ne quittait pas facilement son salon des vieux Augustins (aujourd'hui rue d'Argout, 23), les dames de la Cour, vu

lo talent hors ligne de l'artiste capillaire, se cotisèrent pour lui
envoyer journellement un carrosse à quatre chevaux. Il gagna
ainsi un argent fou, bonheur qui lui fit perdre la tête. Lacroix
s'amouracha de la plus belle de ses clientes, la touchante et spirituelle Sophie Arnould, une actrice hors pair qui répondit à ses
avances... en le ruinant complètement.

.·.

Les tablettes perpétuelles, par ROSERAY.

1775.

Assurément nos lecteurs penseront comme moi qu'en tout ce que
je viens de relater sur l'œuvre de Chantoiseau il n'y avait pas
matière à controverse ou à dispute. Eh bien, nous nous trompons.
De ce que son confrère Roseray qui fréquentait de préférence,
comme Chantoiseau, le café des Fossés où Voltaire prit réguliè-
rement sa demi-tasse (aujourd'hui le café Procope, 13, rue de l'An-
cienne-Comédie), de ce qu'ils y causaient souvent d'almanachs et
d'annuaires, Roseray en conclut qu'il avait inspiré Chantoiseau.
Inspiration de longue haleine vraiment; car, commencée en 1770
et continuée en procédure de priorité jusqu'en 1780, le combat
finit, par la retraite de Roseray, faute de combattants.

Entre temps, c'est-à-dire en 1775, notre bizarre batailleur fit
paraître ses *Tablettes perpétuelles*, dans lesquelles, prétendait-il,
il aurait « hasardé assez d'adresses pour semer le germe à l'accroissement du commerce français ».

Comme adresse éminemment utile au commerce, Roseray cite
Fontaine, le grand papetier du carrefour de Buci, répandant en
France « les nouvelles plumes économiques » faites à Paris avec de
l'acier anglais. — « La plume Dalesme? s'écria Chantoiseau, mais
elle fut utilisée en 1690 déjà par tous les clercs de la basoche !
D'ailleurs il faudra d'autres leviers qu'un outil calligraphique pour
ranimer notre commerce. »

Étant peu connu de nos jours, ce jeune et studieux fumiste ou,
selon le langage d'alors, compagnon fumivoriste, je vous dirai
qu'André Dalesme, artisan novateur par excellence, ne rêvait ni
favoritisme, ni titre honorifique ; il ne songeait qu'à se rendre utile

à son pays. Inventeur en 1690 de la plume découpée sur ruban d'acier, en 1694 de la semelle à cambrure métallique, la joie des ballerines, il avait imaginé successivement un fourneau à fumée concentrée, un nouveau et puissant cric, enfin une machine à vapeur. Aussi cet ouvrier d'élite fut-il, en 1699, élu membre de l'Académie des sciences en qualité de physicien.

∴

L'almanach des fabricants, par LEVENT.

1780.

Roseray, loué par les uns, blâmé par les autres, a tant déploré son isolement que plusieurs de ses émules se concertèrent sur l'initiative des frères Levent, hommes d'action et d'argent, pour battre en brèche par un *Almanach des fabricants et marchands* tous les annuaires commerciaux antérieurs. Entreprise hardie, direz-vous ; certainement et surtout depuis Chantoiseau. Aussi leur tentative mérite-t-elle un récit détaillé.

Les personnes qui, au printemps de l'année 1778, se promenaient parfois du pavillon de Hanovre à la terrasse des Feuillants (du boulevard des Italiens au jardin des Tuileries) par les rues Michodière et Saint-Roch, ont pu remarquer dans cette dernière une maisonnette délabrée où se rendaient journellement, entre *Vêpres* et *Salut*, quatre individus d'âges et d'aspect différents.

C'étaient les frères Levent, publicistes, l'imprimeur Grangé et le libraire Rey. A eux quatre ils complotaient une révolution. — Politique ? non. — Religieuse ? non plus. — Littéraire ? un peu, mais plutôt technique. Ils entendaient, en fait d'annuaires commerciaux, détrôner Paris au profit des départements en substituant au mode municipal de Chantoiseau, un système national. Mais le commerce de la capitale n'a pas goûté ce principe, pour cause. Ressuscité pourtant de nos jours, 1877, par une grande maison de Paris, il n'a pas eu plus de chance qu'au dernier siècle.

La susdite quadruple alliance ne s'effrayait pas d'un premier insuccès. Et en 1780 est sorti de leurs conciliabules le volume d'adresses des *Fabricants, et Marchands*, lequel, après une courte existence, a eu les honneurs de la contrefaçon. Déférés à la justice prévôtale du Grand-Châtelet, les contrefacteurs étaient acculés à

une amende de trois mille livres, dont mille au Roi, mille aux hos-
pices et mille à l'éditeur. Quelle jolie répartition !

Au demeurant, l'almanach Levent avait du bon. Sa description
de la terre, chapitre 1er, celle de la France, chapitre 2, ses formulai-
res commerciaux, chapitre 3, et sa théorie financière, chapitre 4,
sont caractéristiques. A propos de cette dernière, il constate
que « plus il y a d'agents de change, moins bien ils travaillent ».
D'où leur nombre de 80 sous le règne de Louis XV réduit à 40 par
le roi Louis XVI.

Quant à la capitale que la règle nationale reléguait à la lettre P,
l'*Almanach des fabricants* ne la décrit pas moins comme « une
ville superbe dont le commerce surpasse l'imagination et dont l'industrie est une source inépuisable de prospérité. Il semble vraiment que toutes les provinces du dedans du royaume n'ont du
bois, des vins, des bestiaux, des laines et des marchandises que
pour le seul usage de Paris »…..

Ces éloges n'ont pas suffi aux Parisiens du siècle dernier.
Levent n'a eu que peu d'éditions. En tombant il a pourtant laissé
une trace jalousement recueillie par un spéculateur adroit. Car,
à quelques années de là, on voit paraître un annuaire basé ni plus
ni moins que sur la règle nouvelle et de plus internationale.

.·.

L'almanach des armateurs, par GOURNAY.

1788.

Nous sommes en 1788, le premier juillet. C'est, soit dit en pas-
sant, le jour de naissance du roi des journaux, le très haut et très
puissant *Times* de Londres, pour ne pas dire de l'univers. Cette
époque correspond aussi à l'origine de notre journal des *Débats* à
9 francs l'an, format des *Petites-Affiches*.

Alors vivait dans la capitale, au numéro 27 de la rue Saint-Jacques,
un sieur de Gournay, avocat au Parlement et descendant (?) de
Vincent de Gournay, de Saint-Malo, négociant-exportateur ayant
comptoir à Cadix et navires sur mer (7).

---

(7) « Laissez faire et laissez passer » était l'axiome préféré de Gournay le Malouin,
que Turgot déclara un homme supérieur. Il mourut en 1760. C'est à tort que des
écrivains modernes attribuent cette maxime au savant économiste écossais Adam Smith,
mort en 1790.

Scrutateur par profession, envieux comme un plaideur, habile comme un procureur, l'avocat Gournay se disait un jour : Quoi ! voilà des siècles que nos rois ont offert à l'imprimerie française, l'hospitalité du Concile des Gaules, et la plupart de nos almanachs s'impriment encore à Amsterdam, à La Haye, à Genève ? Qui dit prêtre, dit patriote ; il faut dévoiler cet abus à Son Éminence.

Pour l'intelligence du lecteur, je ferai remarquer qu'à l'époque où se tenait ce monologue, le Conseil royal du commerce était un aréopage de douze membres nobles dont la présidence nominale appartenait au Roi, tandis que le président effectif était le comte Loménie de Brienne, archevêque de Toulouse, qui cumula la dignité cardinalice avec les fonctions de ministre du commerce et des finances.

Or, notre Gournay obtint du Gouvernement pour son *Almanach des armateurs et du commerce* un privilège de dix années, durée double du monopole Levent, avec amende double aussi comme sanction protectrice. Et dans les lettres-patentes se lisait parfaitement cette clause régalienne : « Ordonnons que l'impression du dit ouvrage sera faite en notre Royaume et non ailleurs. »

Et le rusé légiste, fier de sa haute protection, se mit à l'œuvre en commençant par Abbeville et en finissant par Zurich. Ces données alphabétiquement internationales, présentaient, quoique imparfaites, pas mal de rédactions curieuses. Exemples :

C. *Comptoir d'escompte*. — Créé en 1776 au capital de cent millions par actions de 4,000 francs. Autorisé à émettre pour 30 millions de bons à vue en déposant au Trésor 70 millions comme garantie publique. La première assemblée d'actionnaires eut lieu le 28 août 1787.

H. *Horlogerie*. — Le 1er janvier de cette année (1788) Messieurs Balle et Cie ont créé une fabrique d'horlogerie française d'après un principe philanthropique qui nous aide à lutter contre les cent mille montres que la Suisse nous fournissait annuellement.

M. *Marseille*. — Habitant au centre de l'univers, le Marseillais possède le génie industrieux et une activité naturelle. Cette place, qui n'a jamais éprouvé des vissicitudes, n'a rien perdu de son ancienne splendeur.

P. *Paris*. — Ville unique universellement célèbre. Ses magasins sont les mieux fournis du monde. Choses de première nécessité, articles du goût le plus délicat, objet d'une sensualité recherchée, éléments du plus agréable luxe, tout s'y trouve ainsi qu'une foule d'artistes ingénieux. Ce qui sort de cet atelier universel a une tournure neuve, une élégance de forme, une délicatesse d'exécution, une grâce et une aisance appréciées de toutes les nations civilisées.

« Nonobstant, mon avis est — ne confondez pas, lecteur, c'est toujours Gournay qui parle — que Paris ne sera jamais une véritable ville de commerce. La politique s'y oppose. »

A cent ans de distance ce pronostic d'avocat ressemble à un paradoxe. Mais quand vous saurez que dans notre histoire économique ce cri n'est pas isolé, vous lui accorderez bien un moment d'attention encore. Donc, une parenthèse.

Presque deux siècles avant la Révolution, en 1605, le Prévôt des marchands, consulté par le roi Henri IV sur la création de fabriques dans Paris, signala déjà au souverain les dangers de certaines agglomérations.

« La capitale, cher Syre, ne doit pas être une ville de commerce, encore moins un centre d'industrie flanqué de manufactures. La raison militante à ce pourquoi, c'est que le cœur d'un État doit être libre et dégagé dans la main de l'autorité.

« Que la noblesse, la richesse viennent dans Paris, oui. Le Soleil alors aura ses rayons. A la capitale le luxe, de beaux et superbes bâtiments pour amorcer les voisins à nous apporter leur pécule. Appelez-y, Syre, les arts ; ramenez la peinture qui parle à l'âme, la musique qui parle au cœur. Protégez aussi l'industrie ; soutenez, encouragez, fortifiez le commerce. Mais que ce soit dans l'intérieur : à Lyon la soie, à la Picardie la laine, à chaque province, à chaque ville, chose spéciale selon son goût et ses aptitudes.

« Mais si vous attirez dans Paris un essaim prodigieux d'artisans, vous vous condamnez à leur bailler toujours de l'ouvrage. Et si vous n'en pouvez pas, gare à la sédition ! Quand les faux travailleurs seraient les plus forts, le volcan parisien vomirait le feu ! et bientôt il n'y aurait plus de capitale, mais un État où les derniers seraient les premiers » (8).

« Le vrai, l'honnête ouvrier, dit en terminant messire François Myron, est partout à son travail. Il reçoit beau salaire, se nourrit bien, fait bonne chère, caresse sa femme, chérit ses enfants et aime sa patrie. »

Plus près de nous, au sortir de nos désastres, ces aggloméra-

---

(8) Le docte Prévôt n'ignorait, je présume, les saintes écritures. Sa parabole finale « les derniers seraient les premiers » se trouve dans Saint-Mathieu, le plus ancien des quatre évangélistes, au chapitre 20, verset 16. Elle se dit à la fête mobile de la Septuagésime, le troisième dimanche avant le carême.

tions étaient la grande préoccupation des pouvoirs publics. Et ce
fut — au dire d'une publication de l'époque, « la Décentralisation
industrielle » — un effet immense qu'a produit sur la Chambre
cette péroraison de la Commission législative : « la centralisation
qui a fait de la capitale le plus grand atelier de France, a été
funeste à Paris, funeste au pays entier ! »

Ainsi posé trois fois en trois siècles, 1605, 1788, 1871, ce problème reste un grave sujet de méditation.

Nous voici à la fin de la première période de mon étude, celle
antérieure à notre Révolution. Si vous le voulez bien, nous passe-
rons sans transition à la seconde, soit aux annuaires commerciaux
publiés durant le cours de la grande Révolution française.

DEUXIÈME PÉRIODE

(1789 — 1799)

Les adresses de Paris, par Benoist-Lemoine.

1790.

En 1790 le ciel de la France s'assombrit malgré les magnifiques lueurs de 1789. Par-ci, par-là, d'inquiétants éclairs à travers une atmosphère politique chargée d'électricité. Parfois le tonnerre frise *la Montagne*, souvent la tempête rase *la Plaine*. Qu'en cela la noblesse ne veuille entrevoir le volcan sur lequel elle chemine, cela peut à la rigueur se comprendre (9).

Mais que de petits bourgeois comme un imprimeur Benoist, comme un libraire Lemoine, rédigent un annuaire des *Adresses de Paris* dont le premier chapitre est consacré à l'infortuné Roi déchu de son trône, assiégé dans son palais et accusé de trahison, un almanach dont l'exorde est un hommage de sainte piété à la malheureuse famille royale, voilà un courage unique dans les annales des livres d'adresses. Et ce n'est pas tout.

Défiant les ordres d'en haut, Benoist et Lemoine osent dire dans la préface : « Maintenant c'est à ceux qui se sont permis l'impératif (à l'égard des représentants des puissances) d'examiner si leur but est bien rempli par nous »…..

Quel dommage que ces bourgeois altiers n'aient vu la bataille de Valmy. Ils auraient entendu l'historiographe Gœthe, le dieu poétique de trois générations — lors de la fameuse charge de Louis-Philippe d'Orléans avec ses dragons de Chartres — apostropher son camarade Lafontaine : « Allez dire au Roi de Prusse que dans ce lieu et en ce jour (20 septembre 1792) commence une ère nouvelle dans l'histoire du monde ! » (10).

---

(9) Au temps de la Convention *la Montagne* signifiait les radicaux-socialistes de l'Assemblée, *la Plaine* le parti des modérés (aujourd'hui le Centre).

(10) Auguste Lafontaine, descendant de réfugiés protestants français, né à Brunswick en 1756, suivit les Prussiens en Champagne en qualité d'aumônier militaire.

Il est vrai qu'en 1792, imprimeur et éditeur étaient tellement préoccupés d'un événement civique que pour eux l'intérieur primait l'extérieur. Afin de gagner à leur almanach la faveur du public, ils offraient en prime le compte rendu détaillé de la Phalange des Élites.

Qu'est-ce que c'est que cela? se demandera maint lecteur. — Mes amis, ce sont les trois séances des 24, 26 et 27 août 1792 consacrées à la Grande naturalisation de dix-huit illustrations étrangères. Mais comme la promesse de Lemoine n'a pas été tenue ou que la trace s'en est perdue, on me saura gré peut-être de reproduire le compte rendu aujourd'hui.

Notons auparavant que les *Adresses de Paris* ne se distinguaient que par l'exiguïté du format et du prix. Quant aux ordres supérieurs, l'impératif, dont Benoist et Lemoine se sont d'abord moqués, ne les obligeait pas moins d'insérer les agents des puissances étrangères selon l'inconvenante règle alphabétique. Ainsi:

« Faby, Monsieur Luigi, Chargé d'affaires de Toscane;

« Fernan Nunez, Monsieur et Madame, Ambassadeurs d'Espagne;

« Fitz Gerolles, Monsieur James, consul d'Angleterre;

« Gower, Monsieur et Madame, Ambassadeurs d'Angleterre;

« Spinola, Monsieur, Madame et Mademoiselle, Envoyés de Gênes;

« Staël, Monsieur et Madame, Ambassadeurs de Suède;
de même tous les autres personnages accrédités.

Cela dit, passons aux Élites.

ASSEMBLÉE LÉGISLATIVE

L'AN QUATRE DE LA LIBERTÉ ET LE PREMIER DE L'ÉGALITÉ

PREMIÈRE SÉANCE

Du vendredi 24 août 1792 à six heures du soir.

Présidée par HÉRAULT DE SÉCHELLES.

Les délégués des 48 sections parisiennes demandent leur admission à la barre pour pétitionner en faveur des étrangers ayant, par leurs écrits, défendu la cause de la Liberté et de la Révolution.

Le Président, après avoir consulté l'Assemblée, prononce l'introduction des pétitionnaires dont l'orateur s'exprime ainsi :

Législateurs ! L'orgueilleuse bienfaisance de Louis XIV allait chercher des adulateurs parmi les savants des cours étrangères en payant l'encens qu'il recevait, avec la sueur et le sang du peuple. La France libre ne donne pas de l'or parce qu'elle ne mendie point des éloges. Satisfaite d'associer à sa gloire les grands hommes des contrées lointaines, qui ont osé parler le langage de *la Liberté* et de *l'Égalité* au milieu de leurs concitoyens, elle leur déclare son estime. Et l'Assemblée nationale leur dira sans doute : Soyez des nôtres, vous êtes Citoyens français !

Cette généreuse proposition est suivie d'une discussion approfondie entre les députés Basire de la Côte-d'Or, Chabot de l'Aveyron, Guadet et Vergniaud de la Gironde, Lasource du Tarn et plusieurs de leurs collègues. Une controverse s'établit sur la question s'il faudrait offrir la naturalisation aux hommes de génie ou ne l'accorder qu'à ceux qui la demanderaient.

Le génie, s'écria Basire, ne suffit pas, il faut encore des vertus. Tels Wilberforce qui a plaidé la cause des esclaves, Priestley qui a enseigné aux hommes le secret de leur force, Thomas Payne qui a dévoilé aux nations la faiblesse des rois..... leur faudrait-il solliciter la récompense de leur vaillance, de leur talent, de leur génie?

Mais Hercule, reprit Guadet, quand Athènes lui offrit le titre de citoyen, n'avait certes pas eu besoin de le réclamer. Il est vrai que Rousseau et Diderot ne furent pas académiciens parce qu'ils ne l'avaient pas demandé. Encore me trompé-je, Messieurs, ils ont manifesté ce désir; je le trouve dans chaque ligne de leurs écrits immortels (11).

Résumés par Thuriot de la Marne, les brillants discours furent l'objet de la décision suivante :

A l'unanimité, l'Assemblée décide que les philosophes des nations étrangères, qui auront servi la cause de la Liberté, recevront le titre de Citoyen français dans sa plénitude. En conséquence elle charge une Commission spéciale d'en faire un rapport.

---

(11) « Diderot, le premier cri de la Révolution, le dernier mot de nos beaux rêves. Rousseau, le philosophe altier, lui doit sa première idée et Voltaire ses derniers enthousiasmes. Gœthe lui-même s'est trempé aux sources de ce grand esprit digne de gloire dans tous les siècles. »

Arsène HOUSSAYE, 1864.

SECONDE SÉANCE

Du dimanche 26 août 1792, à dix heures du matin.

Présidée par GUADET, de la Gironde.

La Commission extraordinaire des naturalisations présente son rapport qui conclut en ces termes :

L'Assemblée nationale, considérant,

Que les hommes qui, par leurs écrits et leur courage, ont servi la cause de la liberté et préparé l'affranchissement des peuples, ne peuvent être regardés comme étrangers par une nation que ses lumières et son courage ont rendue libre ;

Que, si cinq ans de domicile en France suffisent pour obtenir le titre de Citoyen français, ce titre est bien plus justement dû à ceux qui, quel que soit le sol qu'ils habitent, ont consacré leurs bras et leurs veilles à défendre la cause des peuples, à bannir les préjugés de la terre et à reculer les bornes des connaissances humaines ;

Que, s'il n'est pas permis d'espérer que les hommes ne formeront un jour, devant la loi comme devant la nature, qu'une seule famille et un seul association — les amis de la liberté et de la fraternité universelle n'en doivent pas être moins chers à une nation qui a proclamé la renonciation à toute conquête et son désir de fraterniser avec tous les peuples ;

Qu'au moment enfin où une Convention nationale va fixer les destinées de la France et préparer peut-être celles du genre humain, il appartient à un peuple généreux et libre d'appeler à lui toutes les lumières et de concéder le droit de concourir à ce grand acte de raison à des hommes qui, par leurs sentiments et leurs œuvres, s'en sont montrés si éminemment dignes ;

Par tous ces motifs, l'Assemblée déclare déférer le titre et les droits de Citoyens français aux dix-huit étrangers dont les noms suivent, et charge le Ministre de l'Intérieur (Roland de la Plâtrière) d'assurer l'exécution du présent Décret qui accorde la Grande naturalisation à Messieurs Mackintosh, Clarkson, Hamilton, Wilberforce, Schiller, Madison, Cloots, Bentham, Pestalozzi, Kosciusko, Campé, Gorani, Pauw, Williams, Payne, Priestley, Washington, Klopstock.

Pour beaucoup de mes lecteurs, les seuls noms de ces Élites

no suffiront peut-être pas. J'ai promis d'en reproduire la liste telle
que Benoist et Lemoine avaient l'intention de la donner en prime
de leurs *Adresses de Paris*. La voici :

Sir **James Mackintosh**, Écossais, 27 ans, né à Dorès dans le
comté d'Iverness.

Grand avocat et publiciste ; légiste distingué et juge au Tribunal de Bombay. L'un des plus ardents défenseurs de la Révolution
française contre les attaques de ses compatriotes.

Thomas Clarkson, Anglais, 30 ans, né à Wilbeach dans le
comté de Cambridge.

Après avoir combattu l'esclavage au péril de sa vie, il fonda la
société des Amis des Noirs avec Wilberforce, Lafayette, Mirabeau
et Grégoire. L'abolition de la traite en 1807 est due en partie à
son indomptable énergie.

Colonel Sir **Hamilton**, Américain, 31 ans, né à New-York.

Généreux militaire et citoyen intègre. Chaud partisan de notre
Révolution. Venu en France, pour de là aider à l'indépendance
américaine, il accomplit cette mission avec immensément de
courage.

Guillaume Wilberforce, Anglais, 32 ans, né à Hull dans le
comté de York.

Philanthrope éloquent et membre du Parlement. L'un des promo-
teurs de la suppression de l'esclavage. Ami sincère de la France
malgré ses tendances religieuses et ses relations de jeunesse avec
Pitt, notre ennemi.

Christophe Frédéric de Schiller, Allemand, 33 ans, né à
Marbach en Wurtemberg.

Poète et historien, professeur à l'Université de Iéna et l'un des
plus éminents auteurs dramatiques de l'Allemagne. L'intime de
l'illustre Gœthe (12).

---

(12) Quant à Schiller, il y a eu en Allemagne et même en France des personnes qui con-
sidèrent la pièce des *Brigands* (1781) comme un présage de Liberté, *Intrigue et amour*
(1783) comme expression d'Égalité, enfin *Don Carlos* (1785) comme notion de Fraternité ;
soit dit sous toutes réserves.
Mais à la suite de la Terreur et après l'insuccès de sa supplique en faveur de
Louis XVI, le poète, dans son admirable prosopopée de « la Cloche » *(die clocké)*
stigmatisa ainsi les excès révolutionnaires :

26ᵉ période, vers 374 à 377.	**Traduction libre.**
Gefährlich ist's den leu zu wecken,	Réveil scabreux de lionne altière,
Schrecklich ist des tiger's zahn ;	La dent du tigre est meurtrière ;
Doch der schrecklichste der schrecken	Mais la plus horrible des horreurs
Das ist der mensch in seinem wahn !	Ce sont les hommes en leurs fureurs.

James Madison, Américain, 34 ans, né à Montpellier dans l'État de Virginie.

Patriote convaincu. L'un des auteurs de la Constitution américaine et adversaire déclaré des religions de l'État. Protecteur éclairé des sciences et des arts.

Jean-Baptiste-Anacharsis Cloots, Prussien, 37 ans, né à Clèves sur le Rhin.

Vulgarisateur passionné des nouvelles doctrines françaises. Réformateur populaire, orateur et écrivain estimé.

Jérémie Bentham, Anglais, 44 ans, né à Londres.

Moraliste novateur et Guide de l'École utilitaire (théorie de Helvétius). Sectateur du célèbre député Brissot de Warville, Bentham mourut chef des Brissotins, les modérés d'alors.

Henri Pestalozzi, Suisse, 45 ans, né à Zurich.

Instituteur savant et philanthropique, propagateur de l'instruction par les choses. Créateur de nombreuses écoles gratuites et professeur des enfants pauvres.

Thadée Kosciusko, Polonais, 46 ans, né à Sinhiervice en Lithuanie.

Héros polonais, vainqueur des Russes. Aide de camp aux États-Unis du général Washington, il fut le fondateur de la première école américaine pour les gens de couleur.

Henri Campé, Allemand, 47 ans, né à Déensen dans le duché de Brunswick.

Écrivain pédagogique distingué. Directeur à Dessau sur l'Elbe de *la Philanthropine* de Basedow, premier lycée germanique. Fondateur d'une bibliothèque d'éducation populaire fort appréciée (13).

Joseph comte **Gorani,** Italien, 48 ans, né à Milan.

Écrivain politique et auteur d'ouvrages remarquables sur la Révolution française. Ami et collaborateur scientifique de Bailly, premier Maire de Paris.

Corneille de Pauw, Néerlandais, 53 ans, né à Amsterdam.

Chanoine érudit renommé pour ses patriotiques publications fran-

---

(13) De Dessau, *la Philanthropine* fut transférée à Hambourg ; de là à Francfort sous le règne de Napoléon I⁰ʳ représenté par le Prince de Dalberg, Primat de l'Église catholique allemande. Les noms des professeurs Cerf, Descotes, Lambert, Lepitre, Molitor, Neufville, etc., sont aujourd'hui encore vivaces dans ce lycée. Et parmi ses anciens élèves *la Philanthropine* cite avec orgueil le baron espagnol de Weisweiller, le baron portugais de Sterne, le peintre astronome Goldschmidt de Fontainebleau, l'explorateur commercial Lémann, mort en Chine, M. Dondorf le technicien génial, enfin le financier politique Belmont de New-York dont le fils, actuellement député au Congrès, est bien connu pour ses sympathies françaises et pour sa haute et libérale intelligence.

çaises répandues en Hollande et en Belgique. Oncle d'Anacharsis Cloots.

David Williams, Anglais, 54 ans, né à Cardigan dans le pays de Galles.

Prédicateur et philosophe de l'école Jean-Jacques-Rousseau. Chaud partisan des Girondins. Auteur des lettres (anglaises) sur « la Liberté ».

Thomas Payne, Anglais, 55 ans, né à Thetford dans le comté de Norfolk.

Publiciste éminent et défenseur des libertés coloniales. Commentateur (anglais) des « Droits de l'homme ».

Joseph Priestley, 59 ans, né à Fieldhead dans le comté de Glocester.

Philosophe et chimiste, l'un des premiers savants de son temps. Philanthrope ardent universellement aimé.

Georges Washington, Américain, 60 ans, né à Bridgecreek dans l'État de Virginie.

Libérateur et premier Président des États-Unis. Héros de Yorktown dont la victoire fut le signal de l'indépendance américaine.

Frédéric-Théophile Klopstock, Allemand, 68 ans, né à Quedlinbourg en Saxe.

Pasteur protestant, poète et grammairien. Auteur à vingt ans de *la Messiade*, magnifique épopée philosophique consacrée à l'Allemagne.

Ce que les éditeurs des *Adresses de Paris* n'ont pu dire à la fin d'août, c'est qu'un mois plus tard, vers la fin de septembre, trois de ces Élites ont eu l'honneur d'être élus députés à la Convention nationale: Priestley par le département de l'Orne (Alençon), Payne par le département du Pas-de-Calais (Arras), Cloots par le département de l'Oise (Beauvais).

Si vous êtes curieux de connaître la durée de l'existence des dix-huit illustrations admises dans notre sein, lisez. Sont décédés savoir :

Cloots	Pauw	Washington	Klopstock	Priestley	Schiller
en 1794	1798	1799	1803	1804	1805
Hamilton	Payne	Williams	Kosciusko	Campé	Gorani
en 1806	1809	1816	1817	1818	1819
Pestalozzi	Bentham	Mackintosh	Wilberforce	Madison	Clarkson
en 1827	1832	1833	1834	1836	1846

Racontons, pour terminer ce récit, la troisième et dernière séance des Élites qui n'en sera pas la moins curieuse.

TROISIÈME SÉANCE

Du lundi 27 août 1792, à dix heures du soir.

Présidée par LACROIX, d'Eure-et-Loir.

Le Président annonce une délégation des naturalisés dont l'orateur sollicite l'honneur de parler à la barre.

Introduit dans la salle, le principal délégué, Anacharsis Cloots, s'exprime ainsi : (j'abrège).

« Législateurs ! La sagesse de vos décrets et la bravoure de vos armées élèvent chaque jour la nation française à une hauteur effrayante pour les tyrans et consolante pour les opprimés. Tôt ou tard vous ébranlerez tous les trônes en réunissant sous votre oriflamme et ceux qui combattent l'erreur et ceux qui combattent les errants.

« Les philosophes cosmopolites étaient déjà associés à vos travaux et à vos dangers. Vous les associez maintenant à votre gloire en les déclarant Citoyens français. Votre décret en faveur de ces écrivains tue l'erreur, votre décret sur la désertion ramène les errants. Mais on devrait lancer un décret de proscription contre les ennemis suprêmes de la liberté si l'on veut terminer à jamais la longue série des calamités. Car il faut de puissants motifs réprimants pour bourreler la conscience de puissants malfaiteurs.

« Charles IX eut des successeurs. Mais vous, Législateurs, qui savez apprécier les philosophes, il vous reste à stigmatiser les tyrans ; l'humanité vous conjure à pousser un cri tyrannicide contre les cannibales de l'égalité. Les républicains de la Grèce et de l'Ausonie (Italie) se connaissaient en vertus publiques. Imitons leur vénération pour les Scévoles, victimes immortelles de l'amour de la patrie. Donnons des couronnes de chêne et des arpents fertiles aux vengeurs des Droits de l'homme, aux pacificateurs des Empires, aux exécuteurs de la Justice éternelle (14).

---

(14) Charles IX était fils de Henri II l'ami de Diane de Poitiers et de Catherine de Médicis l'amie de Ruggiéri, savant auteur de la colonne astrologique de l'Observatoire (devenu Halle au blé et Bourse du commerce). Le 24 avril 1572, le royal fanatique

« Législateurs ! Pénétrés de reconnaissance pour votre dernier décret philosophique, nous sentons tous combien il nous honore et combien il vous est honorable. Quant à moi, je fais le serment d'être fidèle à la nation universelle, à la Liberté et à l'Égalité, enfin à la Souveraineté du genre humain. Gallophile de tout temps, mon cœur est français, mon âme est au peuple. »

L'assemblée applaudit. Et après quelques paroles de patriotique réplique prononcées par le représentant Lasource du Tarn, Cloots se retire félicité par nombre de députés.

Là s'arrête le grand acte de solidarité internationale de 1792. Sa publication, demandée par les Girondins, est devenue la mission de Benoist et Lemoine ; vous savez comment. Mais il est temps de reprendre la suite de nos almanachs.

.·.

L'Annuaire républicain, par MILLIN.

1793.

Bourrasque en 1791, tempête en 1792, ouragan en 1793, même dans la sphère *almonacale*. Pardon du nouvel adjectif quasi celtique. L'antique Horace comme le moderne Littré le permettent.

Flottant entre la vie et la mort pour cause de son almanach, Millin appartient à ma galerie, bien qu'il n'ait fait que rêver un annuaire. Mais il a rêvé haut, ce qui l'a perdu.

Notre noble vicaire, né en 1759, mort académicien en 1819, portait dignement la soutane lorsque le mouvement de l'époque la lui fit quitter. Et Aubin Louis Millin de Grandmaison devint Eulothérophile Millin. Cette transformation patronymique ne doit pas nous étonner. Ainsi firent alors bien des hommes d'action.

Le cruel Gaspard Chaumette, inventeur de la guillotine à roues et de la déesse Raison (Mademoiselle Maillart de l'Opéra), une fois Procureur de la Commune, se métamorphosa en Anaxagoras Chaumette. Le fameux Noël Babeuf, démagogue de triste mé-

---

ordonna le massacre des protestants. Il mourut deux ans après, victime de ses débauches et de ses remords.

Quant au patriotique sacrifice des trois cents jeunes Romains appelés par Mucius Scévola en 507 avant J. C. pour chasser les Étrusques de Rome, je me permets de constater que cette belle légende n'est plus admise de nos jours.

moire, se donna le prénom de Gracchus. Le conventionnel Anacharsis Cloots, guillotiné à cause de sa grande fortune, ne fut autre que le baron Jean-Baptiste de Cloots. Le poétique Lucien Bonaparte, prince de Canino, ne signa — du temps de sa première femme, Christine Boyer, fille illettrée d'un aubergiste — que Brutus Bonaparte; ce qui ne l'empêcha pas au 18 Brumaire de l'an VIII (9 novembre 1799) d'immoler la Charte républicaine à l'ambition avouée de son frère Napoléon.

Millin, en embrassant les principes nouveaux, fut patriote à la façon des Girondins, donc antipathique aux excès. Tout partisan qu'il était de la République, il conçut un jour — lorsqu'il vit saccager la manufacture de papier de Réveillon aux applaudissements du brasseur Santerre, démagogue et général, — il conçut l'idée d'un relevé remémoratif des établissements détruits par l'anarchie. Mandé pour cela devant le Tribunal révolutionnaire il fut condamné à avoir la tête tranchée le 10 thermidor, Emprisonné à Saint-Lazare, il ne dut son salut qu'au 9 thermidor an II (27 juillet 1794), fin de Robespierre et de la Terreur.

La peine capitale pour un commencement de livre d'adresses. Quelle aberration! Ainsi va le despotisme. Autonomie, tyrannie, pôles positif et négatif du fluide anarchique.

Maintenant que nous connaissons le rêve, voyons la réalité.

L'Annuaire républicain de Millin — volume qui n'a rien de commun avec l'almanach qui motiva sa condamnation — traite plutôt de légumes que d'adresses. Mais soyons indulgents, car voici ce qui s'est passé.

Fabre d'Églantine, écrivain de talent et secrétaire de Danton, a présenté à la Convention le rapport sur le calendrier républicain, œuvre savamment étudiée de philosophie politique. La France s'en est servie pendant 140 mois à partir du 22 septembre 1792. Aussi serait-il plus logique et plus humain de fêter la République dans les beaux jours de septembre que de célébrer la Révolution au plus fort de la canicule (15). Ce rapport conclut aux appellations allégoriques du règne végétal à la place des noms mystiques de l'Église. Or, en sa qualité de botaniste, Millin composa à son tour, sous le titre d'Annuaire républicain, un calendrier où des dénominations de ce règne remplaçaient également celles des saints du paradis.

(15) Lors de la revue nationale de 1896 le nombre officiel des insolations parisiennes était 255 dont plusieurs très graves et une suivie de mort. En estimant à 145, le chiffre non exagéré des cas hors ambulance, on arrive à 400 blessés!

Il ne m'appartient pas d'apprécier cette tentative au point de vue philosophique. Mais en constatant que les 365 monographies rustiques portent le cachet d'une érudition instructive, il m'est permis de supposer que le calendrier floral du Suédois Linnée (1744) ou celui du Français Lamarck (1788) pourront bien avoir inspiré Fabre et son commentateur Millin qui prétendaient faire du neuf.

Millin remplaça en outre les sept vertus religieuses tant théologales (foi, espoir et charité) que cardinales (justice, force, prudence et tempérance) par cinq vertus civiles, savoir : mérite, génie, travail, opinion et récompense.

A part ces innovations, je ne trouve dans son Annuaire qu'une seule chose à noter : son horlogerie décimale avec évolution diurne-nocturne de vingt heures, le cadran divisé en 10 heures, 100 sections, 1000 minutes et 10,000 secondes.

Quittons ici « l'année terrible » de nos pères pour nous rapprocher d'un régime plus propice au commerce et aux almanachs.

.·.

L'Almanach du commerce, par LA TYNNA.

1796.

La Convention a disparu. Le Directoire règne et gouverne. La tourmente qui a sévi dans notre pays a arraché du sol de la patrie énormément de bons grains en même temps que de l'ivraie.

La confiance pourtant ne demande qu'à renaître ; mais tout est à refaire, même les adresses professionnelles. Malheureusement les caisses sont vides à tel point qu'en 1796 (prairial an IV) lors de l'apparition du premier *Almanach du commerce*, l'exemplaire se vendait cinq mille cinq cent quatre-vingts francs, somme qui représente au taux de 3,7 — trois sous et sept deniers argent pour cent francs papier — le montant de dix francs ! Tel était le cours des assignats aux beaux jours du communard Babeuf et des agiotages directoriaux de Barras.

C'est le moment de nommer le laborieux novateur auquel nous devons le premier annuaire pratique depuis Chantoiseau ; car ce sont les deux almanachs où Bottin a puisé plus tard les éléments de sa réputation. Ce novateur s'appelait Jean de La Tynna, ayant pour collaborateur son compatriote Duverneuil.

Pendant plusieurs années La Tynna a été employé aux écritures statistiques de la Ville par son protecteur Bailly, maire de Paris et astronome distingué. Épris d'égalité sociale, ce savant incompris fut, malgré cela, l'une des victimes de la Terreur et martyr de son devoir. Qui ne connaît le magnifique tableau de David « la séance du Jeu de paume à Versailles présidée par le généreux Bailly le 20 juin 1789 » où le catholique Dom Gerle, placé entre Rabault de Saint-Étienne, pasteur protestant et l'abbé Grégoire, défenseur des Israélites, ont inspiré à l'artiste la figuration la plus saisissante de notre devise: *Liberté*, *Égalité*, *Fraternité !*

Reprenons. Une fois l'ordre rétabli, l'annuaire de La Tynna acquit rapidement une considération méritée, si bien qu'en 1810, lorsque la France comptait 144 départements et que l'almanach de Gotha n'insérait plus que les portraits des Napoléons, *l'Almanach du commerce*, devenu presque officiel, eut une vogue sans précédents (16) malgré ses 400 pages et son petit format.

Vous croyez peut-être qu'un succès pareil est une fortune! Oui et non, vu qu'il n'est pas donné à tout le monde de profiter d'une chance heureuse. Aussi La Tynna et Duverneuil, qui n'étaient pas toujours d'accord, désiraient-ils un conciliateur technique. Ils ont failli le rencontrer sous le Consulat de Bonaparte, régime qui amena dans la capitale une foule d'honnêtes provinciaux avides d'utiliser à Paris leurs facultés inappréciées chez eux.

Or, par une belle soirée de 1799, Duverneuil, en quittant le théâtre du Palais-Royal (Opéra par décret du 17 ventôse de l'an III), reconnut dans un beau gaillard de 35 ans un ami d'enfance qu'il présenta à son associé auquel l'inconnu fit le meilleur effet. C'était Sébastien Bottin, du village de Gémonvilliers, en son pays constructeur de ruches à miel, puis séminariste indocile à Toul, enfin prêtre constitutionnel à Paris. Admirateur du Premier Consul, l'ex-curé obtint peu après la place de Secrétaire préfectoral à Lille où il s'adonna de préférence aux travaux statistiques.

La Tynna, qui comprit fort bien tout le parti à tirer de cette

---

(16) D'aucuns supposent que la rédaction de *l'Almanach de Gotha* en langue française date de cette époque. C'est une erreur. Elle date de 1754 où Voltaire, allant de Berlin à Genève, s'arrêtait à Weimar et à Gotha sur l'invitation de la Duchesse de Saxe. Il y rédigea d'abord *les Annales de l'Empire* et provoqua ensuite la publication de l'almanach française.

science pour son Annuaire de 10 francs, écrivit plusieurs fois à
Bottin pour lui demander l'aide de son activité contre les ouvrages rivaux qui avaient surgi depuis la mort de son protecteur.
Hélas ! en vain. Jusqu'aux Cent-jours, où Bottin, grâce à ses relations dans Lille, devint député pour le département du Nord, rien
n'y fit. Toutefois, après la chute de l'Empire et le décès de La
Tynna qui survint en 1819, Bottin se ravisa. Mais n'anticipons
pas. Nous reparlerons de lui à sa date chronologique, 1820.

Abordons en attendant la troisième période de mon travail ; car
ici finit la seconde, savoir la période révolutionnaire.

TROISIÈME PÉRIODE

(1800 — 1900)

L'Almanach portatif, par BAILLEUL.

1805.

Aurore exubérante de gloire. La France aux mains d'un des plus grands génies qui aient jamais paru sur la scène du monde. Moins brillante toutefois en gloire industrielle, partant moins disposée à la vulgarisation d'annuaires autres que ceux militaires.

Malgré cela le volume de Tynna-Duverneuil se vendait à l'étranger en conservant sa vogue chez nous. En cette occurrence il ne put venir à l'idée du malin Bailleul de supplanter les heureux prédécesseurs de Bottin. Aussi fit-il autre chose.

L'Almanach portatif de 350 pages que Bailleul offrit au public sous le règne de Napoléon-le-Grand, brilla par son intelligent petit format : 8 centimètres sur 12, épaisseur 4, poids cinq cents grammes, prix deux francs seulement ! Aujourd'hui on nous sert 5000 pages en 20 sur 30 centimètres, épaisseur 24, poids dix mille grammes ! prix 16 et 28 francs.

A qui des deux la palme ?

.·.

L'Almanach des 25,000 adresses, par PANKOUKE.

1815.

En présence du succès persistant de Tynna-Duverneuil, auteurs du principal sinon du seul grand annuaire sous l'empire, Bailleul eut le bon sens de faire autrement. De là son tout petit *Portatif*. Mais le régime impérial tombé et la paix ranimant le travail national, il devait naître la pensée d'une concurrence plus sérieuse à La Tynna sans dépasser le prix de celui-ci.

Telle fut la combinaison du typographe Pankouke, industriel à la fois adroit et original. Aussi fit-il paraître un *Almanach de 25,000 adresses*, mais sous des noms d'emprunt, d'abord Henri Dubac, puis Cordy l'aîné, ensuite Duplessis, alors que derrière tout ce monde se cachait le compositeur Wisemans.

Son entreprise, bien qu'elle ne pût amoindrir celle de La Tynna, ne popularisa pas moins son imprimerie qu'elle rendit de plus en plus fructueuse en même temps que se développa sa passion de bibeloter. Fleury Pankouke, devenu collectionneur savant, mourut en 1844 en léguant à Meudon, sa ville natale, ses richesses artistiques qui, d'après le testament, ne devront être remises que cent ans après sa mort à la condition pour les Meudonais d'établir d'ici là un musée digne de la donation.

.·.

L'Almanach du commerce, par Bottin.

1820.

J'ai dit que le décès du statisticien La Tynna eut lieu en 1819. L'année suivante un autre statisticien, Sébastien Bottin, prit la suite de l'*Almanach du commerce* à 10 francs et lui acquit, en l'améliorant, une renommée européenne. Du coup il porta les adresses au chiffre alors considérable de 50,000.

Cet accroissement lui fit plus de mal que de bien. Il lui suscita en peu d'années, à partir de 1827 notamment, de nombreux imitateurs. Les premiers ne furent pas bien dangereux. Mais aux petits succédèrent des grands, et l'infatigable Bottin finit par succomber.

Ce qui chagrinait particulièrement le brave homme, c'est qu'une coutume populaire, laquelle, en tout autre circonstance, l'eût éminemment flatté, a transformé son nom patronymique en substantif. Ses contrefacteurs purent offrir des *Bottins* en vertu de cette supercherie métaphorique.

Parcourons maintenant la série des concurrents.

.·.

L'Almanach parisien, par CASIMIR.

1827.

Volume de 700 pages, également de 50,000 adresses, au prix réduit de cinq francs l'exemplaire, offert par Casimir.

Ce premier adversaire de Bottin eut une idée bizarre. L'unique innovation de son *Almanach parisien* consistait dans l'attribution d'un numéro d'ordre à chaque rue pour éviter les nombreuses répétitions de mots. Depuis la rue de l'Abbaye jusqu'à la rue Zacharie pas besoin n'était d'imprimer cinquante fois rue Sainte-Marguerite-Saint-Antoine, trois cents fois rue du faubourg du Temple et ainsi de suite.

Selon Casimir, Châteaubriand demeurait 375[84], c'est-à-dire rue d'Enfer n° 84, Victor Hugo 765[11], rue notre-Dame-des-Champs n° 11, Humbold 360[26], quai de l'École n° 26, Lafayette 27[6], rue d'Anjou-Saint-Honoré n° 6, Casimir-Périer 616[27], rue du Luxembourg n° 27, Talleyrand 422[2], rue Saint-Florentin n° 2, Horace Vernet 1020[5], rue de la Tour des Dames n° 5, etc., etc.

.˙.

Le Parfait Indicateur, par CAMBON.

1830.

Casimir fut imprimeur, convoitise d'un homme du métier. Mais Cambon, auteur du second *Bottin* bâtard, ne fut même pas cela. Ce fut un ancien Receveur municipal en quête d'une occupation lucrative.

Son *Parfait Indicateur* aux 60,000 adresses a provoqué la jalousie de compétiteurs singulièrement impatients. De deux en deux ans surgirent des plagiaires bien que l'Annuaire de Cambon ne se soit vendu, comme le Casimir, qu'à 5 francs le volume.

C'était là son principal mérite. En effet, ce bon marché lui permit de vivre une dizaine d'années malgré, sinon à cause, des maigres bénéfices que rapportait le *Parfait Indicateur*.

.˙.

L'Almanach des 100,000 adresses, par LAMBERT.

1832.

Le troisième *Bottin* fictif a eu pour auteur un calculateur avisé, n'aspirant dans son for intérieur qu'à une bonne expropriation littéraire.

Ex-courtier en librairie, Lambert a créé *l'Amanach des cent mille adresses* à huit francs. Augmentation de trois francs pour 40,000 adresses de plus que *l'Indicateur*.

Mais qui dit adresses, ne dit pas profession. Aussi son existence ne fut-elle ni longue, ni beaucoup remarquée.

.*.

L'Almanach de Paris, par LUTTON.

1834.

Deux ans nous séparent des cent mille adresses, lorsqu'éclôt *l'Almanach de Paris*, le quatrième *Bottin* postiche né dans les méditations mercantiles d'un agent de publicité.

En fait d'avancement technique je ne lui en connais guère. Car s'il dépasse de vingt mille noms son prédécesseur Lambert, il en exigeait par contre deux francs d'augmentation, soit dix pour huit francs, simple compensation.

N'eut qu'un succès de curiosité.

.*.

L'Almanach industriel, par HENRICHS.

1836.

Cinquième *Bottin* factice, par un homme d'affaires, le père Henrichs.

Pour ne pas mentir à sa profession, il mit en actions son *Almanach industriel*, communément appelé le Bottin industriel.

Et afin d'assurer le service des intérêts, il le porta à 12 francs en échange, il est vrai, de 150,000 adresses.

Bravo! disait Bottin, ça hâtera la débâcle. Et il ne s'était pas trompé. Le compte rendu du liquidateur annonça : Frais et dépenses d'organisation, 200,000 francs !

« Qui en veut pour cent mille?... Personne. Pour cinquante mille?... Personne. Pour vingt-cinq mille ? Personne. Je dis vingt-deux-mille, c'est mon dernier mot. Adjugé ! »

A la suite de ce déclin, Bottin revendiqua son nom en intitulant son Almanach de commerce *Almanach Bottin*. Mais il commit la faute de ne faire régulariser cette modification que longtemps après, en 1842, au plus fort de la lutte.

L'Almanach des 180,000 adresses, par LAMY.

1838.

Sur les ruines de Henrichs, Lamy, ex-employé des contributions, éleva un sixième *Bottin* erroné.

Son *Almanach des 180,000 adresses* se vendit 14 francs, mais guère plus longtemps que ceux de ses prédécesseurs en plagiat ; car Bottin existait toujours et marchait toujours.

Au fur et à mesure cependant des nuages assombrirent l'horizon *bottinal*. Lamy évincé, un plus malin le remplaça bientôt.

L'Annuaire de France, par SÉDILLE.

1840.

Ce septième faux *Bottin* était, malgré son titre, plus local que national. Mais son auteur, prote d'imprimeur, annonça à qui voulait l'entendre sa véritable mission.

Pour parler correctement, il ne se gênait pas de dire que le but de son *Annuaire de France* à seize francs, prix passablement élevé pour l'époque, visait moins à la vulgarisation de l'ouvrage qu'à la destruction du *Bottin* au profit de plus fort que lui.

Et ce fut fatalement vrai.

* *

L'Annuaire Didot, par Didot.

1841.

Plus de place pour l'illusion. Les petits concurrents de Sébastien Bottin successivement écartés, apparaît la formidable rivalité de *l'Annuaire Didot*. Lutte inégale qui finit dramatiquement.

Si l'instrument du drame était la maison Didot, il faut avouer que l'inéluctable cause n'était autre que la loi moderne de légitime compétition. Et c'est rester dans la logique en rendant ici hommage à cette famille distinguée dont, depuis deux siècles, chaque membre marque une étape patriotique dans la sphère de l'industrie française.

Je m'explique : Née en

1650. Françoise Didot, sœur d'un marchand lorrain, épousa en 1670, Jean Nyon, typographe parisien, décédé en 1698. Ils eurent un fils que la vaillante veuve éleva si bien, qu'à peine majeur, il obtint en mariage Mlle Ravenel, la fille de notre plus grand libraire d'alors.

1690. Ce Didot-Ravenel sut donner à ses onze enfants une éducation telle qu'ils devenaient tous parents ou alliés de l'élite de la typographie française. François Didot-Ravenel mourut en 1757.

1730. L'aîné de ses fils, Ambroise 1er, merveilleux fondeur en caractères, imagina la presse à un coup et le papier vélin type Annonay. Franklin lui confia l'éducation de son petit-fils, William Temple, et le roi Louis XVI le favorisa pour son mérite. Il mourut en 1804 (17).

1732. Pierre 1er, frère d'Ambroise, perfectionna leurs presses mécaniques et leurs papeteries d'Essonnes en collaboration avec Bernardin de Saint-Pierre, son gendre, qui y composa en 1788 son

---

(17) C'est Ambroise-François que vise Delille dans sa belle églogue de l'homme des champs : « *Là, pour l'art des Didot, Annonay voit paraître*
Les feuilles où ces vers seront tracés peut-être. »

délicieux roman de Paul et Virginie. Pierre-François mourut
en 1793.

1760. Pierre 2ᵐᵉ, fils aîné d'Ambroise, célèbre comme typographe
et comme littérateur, était l'ami du fabuliste Florian et traducteur
des odes d'Horace. Officiellement installé au Louvre, il eut un
Premier-prix à l'Exposition de l'an IX (1801). Il est mort en 1853.

1764. Firmin, le plus connu des Didot, fils cadet d'Ambroise, a
inventé la stéréotypie. Il porta le renom de la maison à son apogée.
L'Empereur de Russie lui confia comme élèves plusieurs jeunes
Russes (18). Député d'Eure-et-Loir, helléniste passionné et auteur
dramatique, il allait entrer à l'Académie française, lorsqu'il décéda
en 1836. Son portrait est au Louvre et sa statue à l'Hôtel de Ville.

1765. Henri, fils de Pierre 1ᵉʳ, fut graveur polyamatique. Aidé
par son cousin Firmin, ils confectionnèrent les fameux assignats
de la Révolution qui bouleversèrent durant les 422 jours de la
Terreur, du 1ᵉʳ juin 1793 au 27 juillet 1794, toutes les conditions de
l'économie sociale en France. Henri Didot est mort en 1852.

1767. Saint-Léger Didot, frère de Henri, fit faire à la papeterie
des progrès considérables. A cette fin il avait passé en Angleterre
de 1802 à 1817. Au retour il établit une usine à Bar-le-Duc (Meuse),
une autre à Saint-Jean d'Heurs (Saint-Étienne), où il mourut subi-
tement.

1770. Cette année a vu naître un frère de Henri et de Léger, sur-
nommé Didot le jeune, qui s'adonna à l'art de guérir. Sa généreuse
passion n'empêcha pas ses connaissances techniques qui lui valu-
rent la fonction d'imprimeur de l'École de médecine.

1789. Jules, fils de Pierre 2ᵐᵉ, évoquant volontiers les tendances
de Saint-Léger, organisa en 1832 non seulement l'imprimerie
royale de Belgique, mais il établit encore des succursales de la
maison Didot à Boston en Amérique et à Leipsick en Saxe. Il a
quitté ce monde dans l'année 1838.

1790. Un autre partisan des vastes conceptions fut Ambroise 2ᵐᵉ,
l'un des fils de Firmin. Il excellait dans la fonte et les poinçons. Il
fit ses études au gymnase grec de Cydonie, et visitant l'Orient, il
découvrit l'ancienne citadelle de Troie. En mémoire de son père, il
fit don aux Hydriotes (Hydria) d'une imprimerie et aux Chiotes
(Chio, patrie de Homère) d'une bibliothèque. Il a vécu jusqu'en 1876.
En 1890 on lui érigea une statue à Sorel-Moussel.

_____

(18) Ce fut le Tsar Alexandre premier. En visitant en 1814 les vastes ateliers de l'éminent imprimeur, presses et outils en marche, l'Empereur lui dit : « C'est votre artil-
lerie, Monsieur Didot ? pour l'humanité elle vaut mieux que la nôtre. »

1794. Hyacinthe, frère et associé du précédent, fut un véritable philanthrope. Aux ateliers à la campagne, il joignait une école, une bibliothèque, un dispensaire, une crèche et un champ de jeux, plus — pour les différents cultes de ses ouvriers — des Permis de dévotion avec défense formelle aux sous-agents de les imposer. En 1880, à la mort de cet homme de bien, ce fut un deuil public à dix lieues de la ronde.

1797. Héritier de Saint-Léger et de sa sympathie britannique, son fils Édouard nous a traduit le chef-d'œuvre du plus élégant et du plus malheureux des écrivains anglais, savoir *la Vie des poëtes*, par le docteur Johnson de Lichfield, qui écrivit en six jours, pour payer l'enterrement de sa mère, son magnifique roman de *Rasselas, Prince d'Abyssinie*. Édouard Didot est mort en 1853.

1800. Naissance de Frédéric, fils de Firmin, frère d'Ambroise et de Hyacinthe. La famille eut la douleur de le perdre en 1836 presqu'en même temps que son père. Et malgré sa courte existence, il accomplit les perfectionnements entrevus par son cousin Saint-Léger. On doit à Frédéric le papier sans fin, atteignant un développement de 50,000 mètres sur un mètre et demi de largeur.

1826. Paul, fils du philanthropique Hyacinthe. Aptitude spéciale pour le droit, il quitta en 1875 les affaires et les fonctions. Auparavant toutefois il améliora l'important blanchiment des chiffons en y introduisant le précieux et lucratif élément de l'acide carbonique.

1830. Alfred, fils du second Ambroise, est cet érudit auquel nous devons depuis 1852 la traduction de *la Vie de César* du Damascène, écrivain grec de l'antiquité. Cet ouvrage a été découvert dans l'Escurial, le Versailles espagnol. M. Alfred, président du Jury à l'Exposition de 1889, a eu le bonheur de voir ses fils, Maurice né en 1859 et René en 1866, marcher sur les traces du père, l'un dans ses travaux intellectuels, l'autre dans son habile direction matérielle de leurs grandes papeteries.

L'Almanach Bottin, par BOTTIN.

1842.

La valeur des Didot ainsi reconnue, je considère comme un devoir d'exposer aussi le mérite d'une famille dont les vicissitudes n'ont pas été étrangères au parti que la célèbre maison a pu tirer de la défaillance de leur précurseur.

Ce qui m'attriste en narrant le poignant épisode qui suit, c'est que jusqu'à ce jour personne n'ait encore songé à proclamer la courageuse persévérance de la modeste famille Bottin dont il existe peut-être encore quelque membre en détresse. Racontons.

Tout vieux qu'il était — 77 ans — le vaillant père Bottin résista une dizaine d'années encore à la puissante maison Didot, secondé par ses enfants, deux filles et un fils. Quant à ce dernier, très laborieux mais de santé délicate, le père l'envoya vers 1850 en Amérique dans l'intérêt technique de son *Almanach Bottin*. Pendant l'absence de son fils, le bon papa, atteint d'ophtalmie, dicta comme le poète anglais Milton (*Paradis perdu*, 1667) le travail à ses filles. Malheureusement la maladie fit de tels progrès que les sœurs durent rappeler leur frère. Mais « l'homme propose et Dieu dispose ».

Au printemps de l'année 1853, un vapeur français cingla vers les côtes de la Bretagne. Déjà on aperçoit le phare d'un grand port. Un jeune voyageur maladif se fit conduire sur le pont. Que voyons-nous là-bas mon ami? fit-il. — La France! répliqua le vieux matelot qui le soutenait. — Notre patrie! reprit le jeune homme, Dieu soit loué! Et après un moment d'émotion silencieuse: Oh! papa, oh! malheureux père! adieu mes sœurs chéries, adieu! Ce furent ses dernières paroles, et il tomba inanimé dans les bras de l'homme de mer. A l'escale de Brest on hissa un cadavre. Ce fut celui du fils Bottin accouru au secours de sa famille. Dans Paris le père mourut aux suites de cette nouvelle, succombant dans un état voisin de la gêne. On était en 1854.

Grâce à l'appui encourageant de deux sympathiques chefs d'industrie, deux nobles cœurs, M. Doumerc de la papeterie des Marais et M. Wittersheim du *Moniteur*, les demoiselles Bottin, armées de courage et de vertu, purent continuer, pour l'honneur du père vaincu, à défendre pendant quelque temps encore leur patrimoine contre la concurrence de la maison Didot. Mais la lutte était trop inégale. De 18,000 exemplaires que le père vendit jadis, les filles ne réalisèrent plus que 9,000; tandis que les Didot, de 8,000 au début, en distribuaient déjà 16,000.

Succombant, glorieusement pauvres, au bout de trois ans, elles se rendirent en 1857, pot de terre contre pot de fer.

L'Annuaire-Almanach Didot-Bottin, par Didot.

1857.

La cession par les héritiers Bottin de leur œuvre à la maison Firmin Didot enfanta l'*Annuaire-Almanach Didot-Bottin* qui débuta en promettant de faire pour le mieux.

Disons que ces messieurs ont tenu leur promesse. Malgré cette déclaration qui les exonérait en quelque sorte d'une grande responsabilité, ils n'ont éludé ni temps ni sacrifices pour enrichir leurs volumes. Mais à l'impossible nul n'est tenu. Ce qui était embarrassant en 1857, est devenu difficile en 1877, et presque impossible en 1897. Voilà pourquoi je propose à côté du *Didot-Bottin* une publication simplifiée, soit un **Répertoire** consacré à notre industrie d'exportation.

— C'est nouveau, cela ? — Chez nous, oui ; ailleurs, non. — Vous voulez donc supplanter le Bottin ? — Nullement, puisque je dis « à côté ». En Angleterre le système du redoublement, qui date de 1800, a fait ses preuves. Et tel en a été la faveur publique que lorsqu'ils ont fêté le cinquantenaire de leur second Bottin (le *Postal* vers 1850) les plus populaires des organes de Londres ont consacré à ses heureux effets des articles dont voici un petit extrait : « Certes les Français se sont fait une grande réputation par leurs expositions manufacturières. Mais il faut avouer que, quoiqu'ingénieuses et gracieuses, elles semblent très peu de chose comparées à l'exposé industriel qu'offre à l'intelligence notre important répertoire (l'annuaire *Postal*) (19).

Croire que la fusion de 1857 ait fait taire toute velléité de concurrence, ce serait ne pas connaître le cœur humain. Elle n'a fait que changer d'attitude pour rompre en visière d'une autre façon.

.·.

---

(19) Consulter à Londres au *British museum* (Bibliothèque royale) les journaux de l'époque, savoir : « Advertiser, Atlas, Britannia, Chronicle, Dispatch, Globe, Herald, John Bull, London News, Morning Post, Railway, Sun, Times, etc. La Britannia écrivait : *The french people have done themselves some credit by their industrial exhibitions. But it must be acknowledged that, though ingenious and pretty, they appear quite insignificant compared with the industrial exposition presented to the mind by this mighty volume* (the Post-office directory).

Le Guide de l'acheteur, par AGNUS.

1858.

Les pourparlers de la cession Bottin ne purent, malgré la discrétion observée, rester longtemps ignorés des employés de la maison Didot.

Or, un de ces préposés, homme de labeur, doué d'une énergie de bon aloi, quitte ses patrons sur les rumeurs précurseurs de la fusion. Il se crée un *Bottin* au petit pied, destiné aux personnes qui viennent acheter nos marchandises sur place.

De son modique *Guide de l'acheteur*, Agnus se contente de tirer d'abord deux mille à 700 pages au prix de quatre francs. Plus tard il en distribue vingt mille à 1700 pages pour six francs. On ne saurait présenter une meilleure justification de ma théorie d'un **Répertoire** consacré aux sources de nos productions seules.

Sans doute le *Guide*, pas plus que ses grands confrères, n'a pu séparer chignon de chiffonnier, ou cornemuse de carte, ou héliographe de herboriste. Mais il n'a pas moins progressé grâce à une innovation météorologique basée sur les époques d'achat. *Le Guide* paraît deux fois l'an : une édition estivale et une autre hivernale. Pas mal trouvé, n'est-ce pas ?

.˙.

L'Annuaire du commerçant, de LAHURE.

1863.

Le succès du *Guide* fit des envieux. Il enfanta *l'Annuaire du commerçant*, fondé par Méreau qui le céda plus tard à Lahure. Pas plus qu'Agnus, Lahure ne craignait son important et respectable confrère.

Au grand format il oppose un format moyen ; au fort tirage, un tirage moyen ; au prix élevé, un prix moyen.

C'est le premier volume d'adresses qui plaida l'égalité typographique pour des livres vulgarisateurs de la sorte, protestant ainsi contre l'aristocratique répétition des insertions, en un mot contre l'abus de la réclame en semblables ouvrages.

Afin de sortir des sentiers battus, Lahure offre chaque année à ses abonnés quelque nouvelle distraction instructive, C'est ainsi que sa seizième édition (1879) est agrémentée d'une petite revue historique qui nous apprend que, depuis 1280 jusqu'à 1880, donc de Philippe-le-Hardi au Président Grévy, il y a eu dans Paris une vingtaine de révoltes. Pas mal partagée la capitale, un quart de douzaine d'insurrections par siècle ! Cela promet.

L'Almanach de Paris, par AMYOT.

1895.

Nous sommes toujours dans la période des petits formats. C'est le libraire Amyot qui en fait la clôture avec son *Almanach de Paris,* un petit chef-d'œuvre technique et typographique.

Imaginez-vous un volume de 12 centim. sur 8, épaisseur 4, juste la mesure du petit *Bailleul* du premier Empire, avec cette différence qu'Amyot nous présente 700 pages au lieu de 400. Aussi cet annuaire mignon genre *Gotha* put, jusqu'à un certain point, parfaitement remplacer celui-ci qui doit sa plus grande vogue de ce que, inspiré par Voltaire, il n'a jamais cessé de paraître en français.

L'Almanach de Paris n'a pu avoir une prétention encyclopédique. Mais ce petit tome international, qui était à la fois civil et militaire, présentait d'une façon claire les données historiques, politiques, statistiques et financières des cent États civilisés du globe.

Pourquoi nos gouvernants, pleins de sollicitude pour les écoles supérieures, laissent-ils tomber de pareils efforts ? Si l'administration les considère comme inférieurs, je me permettrai de demander s'il y a beaucoup de livres d'instruction pratique qui nous donnent, comme Amyot, l'intéressante succession des 140 princes féodaux du Japon depuis Sakiomo Taïou, inscrit — avant la révolution de 1868, s'entend — au budget japonais pour une rente de 160,000 francs par an, jusqu'au prince de Kango-Maïda avec son apanage annuel de dix-neuf millions et demi, soit un total d'apanages arbitraires de 260 millions ! Le Japon est pourtant un

empire dont les échanges ont considérablement progressé depuis
la destruction du dualisme des Micados et des Taïcouns. En
trente ans, de 1865 à 1895, le commerce japonais a quadruplé ; de
300 millions de francs il est monté à plus de 1260 millions.

∴

L'Almanach départemental, par QUANTIN.

1877.

Pas de chance la maison Quantin dans cette entreprise ; car
par ailleurs son excellente réputation est de notoriété.

Piqué au vif par le succès des gros volumes, un courageux novateur, M. X, grand ami des concentrations, charge ladite maison
d'un *Almanach départemental* en 87 divisions, soit autant de
sections que de départements, chacune présidée d'une table synthétique des six pouvoirs électif, judiciaire, administratif, militaire,
académique et religieux. Joignez à cela les principales adresses,
l'analyse de chaque province, les sources de sa richesse, les sou-
venirs qu'elles évoquent, et vous aurez une idée de ce maître
sommaire.

D'ailleurs, l'*Almanach départemental* n'était pas le premier de
la sorte. La Grande-Bretagne nous offre un précédent dans ses
50 volumes correspondant aux 50 comtés anglais. Nous savons
bien que tandis que le Middlesex (Londres) se vend facilement, les
autres comtés s'écoulent difficilement. Mais nous sommes en
France et pas en Angleterre. Chez nous on dit : « qui trop
embrasse, mal étreint ».

Une remarque encore à propos du défunt *Almanach départemental*. Un ouvrage professionnellement historique, si c'était là le
but auquel visait l'auteur, est sans contredit une œuvre utile. Souvent tenté et souvent manqué, ce travail n'a trouvé qu'à l'Exposition de 1889 son expression bien étudiée et parfaitement exposée
dans *l'Enseignement synthétique du commerce*. Cet ouvrage en
seize tableaux est dû à Mademoiselle Luquin, l'érudite fondatrice
des cours commerciaux à Lyon et membre de la Légion d'honneur.

∴

L'Annuaire-Almanach, par CHOINET.

1880.

Vingt-trois ans se sont écoulés depuis que la maison Didot régit l'ancien almanach du commerce sous le titre de *Didot-Bottin*. Du point de vue encyclopédique, l'ouvrage, à partir de la fusion, a été beaucoup amélioré. Ces perfectionnements ont-ils toujours profité à la majorité de nos producteurs? Reste à savoir. Une autre question est celle-ci : nos annuaires ont-ils, pour l'écoulement de nos produits, poussé la diffusion exportative aussi loin que nos rivaux étrangers? Je n'hésite pas à répondre : non (20).

Or, pour accroître les services, que rend *l'Annuaire-Almanach Didot-Bottin*, aux intérêts de nos moyennes fabriques qui ne disposent pas de fonds pour réclames par journaux, pour mieux propager ces précieux éléments de l'activité nationale, je propose la création officielle ou officieuse d'un **Répertoire consulaire de l'Industrie française** et ce sur une base absolument nouvelle dont le plan d'exécution sera exposé plus loin.

C'est le moment de rappeler les phases successives qui ont suivi l'annuaire autorisé par Bailly du Jeu de paume. Après Tynna et Duverneuil vinrent Bottin et ses enfants; après ceux-ci, Firmin Didot et Cie; puis la haute Banque de sept établissements avec une part contributive d'un million chaque. Le *Bottin* actuel a été finalement réalisé pour sept millions et demi.

M. Henri Choinet est devenu le Directeur-gérant du grand *Annuaire-Almanach*. Malgré la parfaite expérience de ce vaillant chef-dirigeant on ne vend que 25,000 exemplaires par an. En en retranchant 5,000 pour nos administrations et l'étranger, il ne resterait que vingt mille pour les quinze millions de Français qui s'occupent d'industrie, de commerce et d'esthétique. Cette proportion seule, à défaut d'autres raisons, dit hautement que la masse travailleuse manque encore d'un organe authentique de publicité.

Inutile de chercher ailleurs le mobile de ma proposition. Aupa-

---

(20) Il n'y a pas encore longtemps nous occupions le second rang dans les marines du commerce. Aujourd'hui, malheureusement nous ne tenons plus que la quatrième ou cinquième place. Il y a une vingtaine d'années, notre commerce d'exportation dépassait celui d'aujourd'hui d'environ 400 millions.

ravant j'ai étudié la Statistique manufacturière du centre parisien ainsi que les Syndicats professionnels. Après mûre réflexion j'ai conclu que la solution tant convoitée pouvait se trouver dans un écoulement meilleur que ceux des autres nations. Voilà la raison d'être de ce travail de mes vieux jours.

.˙.

L'Annuaire national, par Lefebvre.

1883.

Je pourrais terminer ici mes monographies des livres d'adresses; car des publications qui suivent, l'une n'a vécu que ce que vivent les roses, comme le client de Quantin visant trop loin; trois autres recherchent le consommateur aristocratique et local, tandis que je plaide la cause démocratique et nationale. La dernière enfin est venue trop tard pour qu'on puisse apprécier déjà son accueil, bien que les meilleures apparences soient pour elle. Je continue néanmoins, espérant que mes lecteurs l'auront pour agréable.

Une société en participation se forme. Ils sont sept comme les susdits financiers. Seulement ils ont oublié que si, toute proportion gardée, les nouveaux sept sont en matière de dénombrement aussi avancés que les anciens sept, ceux-ci ont au moins le prestige d'un annuaire connu depuis trois quarts de siècle. Mais les nouveaux n'en ont cure. Ils comptent innover; soit.

D'abord les attributions : M. A. fournira les machines, M. F. l'agencement, M. L. le papier, M. P. l'outillage, M. W. les caractères, etc. Ensuite on offrira l'hospitalité aux journaux depuis le *Tintamare* jusqu'aux *Débats*, à chacun une page. Puis certains renseignements, lesquels, quoique intéressants, ne suffisent pas pour attirer le monde. C'est ainsi que le *Grand Annuaire national* — grand est le mot, deux volumes in-quarto — nous indique les changements de noms des voies parisiennes depuis 36 ans, environ 1450 compris la suppression de 150 Saints. Enfin les réclames. Des annonces répétées, sous de légères variantes, autant de fois qu'on voudra. Ne condamnez pas, lecteur. Ces messieurs sont dans leur droit. Ils n'ont fait que ce que font d'autres. Si c'est un abus, eh bien, que les amis de l'égalité essayent de réagir. Lahure en 1863 a déjà exprimé ce vœu.

Mais le vrai public n'a pas donné. Malgré une exécution matérielle irréprochable et le prix modique de 20 francs pour deux volumes d'environ trois mille pages, l'entreprise a dû s'arrêter faute d'adhérents.

.·.

Tout Paris, par La Fare.

1886.

Cette année a vu poindre un genre nouveau d'annuaires.

Pour ne pas s'occuper de l'activité nationale, le *Tout Paris* ne nous entretient pas moins d'un mouvement social digne d'attention. Ce sont les faits et gestes de la société parisienne, de ce qu'on est convenu d'appeler le monde.

Fonctionnaires et diplomates, clergé et savants, rentiers et étrangers de distinction, voire les pseudonymes de nos littérateurs et les décorés Français de l'année; tout cela s'y trouve pour 12 francs. Puis, comme corollaires, les châteaux et les manoirs pour 25 francs, un agenda de visites pour 6 francs; total, 43 francs.

.·.

Le livre d'or, par Rousseau.

1888.

Ce prix de plus de quarante francs était assez tentant pour stimuler la concurrence aux aguets.

De là deux nouveaux tomes petit in-octavo d'environ huit cents pages, intitulés *le Livre d'or des salons* qui complètent les données de La Fare par le relevé des abonnés aux grands théâtres.

Ce sont Messieurs Bender-Rousseau qui éditent ces volumes au prix de 9 francs chaque, soit 18 francs.

.·.

Paris mondain, par JEANET.

1890.

L'on estimait suffisantes pour la capitale les matricules mondaines de 1886 et 1888 lorsqu'il se manifesta le désir d'une publicité encore moins onéreuse.

Vite il s'est trouvé un éditeur intelligent et actif dans la personne de l'imprimeur Jeanet pour combler la lacune.

C'est l'origine du *Paris mondain* d'environ 500 pages que l'habile novateur présente à son public pour 12 francs avec le sous-titre — quelque peu prétentieux, excusez ma franchise — « d'annuaire encyclopédique du grand monde parisien ».

.·.

Paris-adresses, par SABATIER.

1892.

Les adresses privées trois fois épuisées, nous voyons revenir les adresses générales se prévalant de leur antériorité. Elles ont fait paraître sous l'étiquette de *Paris-adresses*, un parfait volume *bottinal* plus commode, malgré son poids de 4,050 grammes (plus de 4 kilos) et plus logique que ses grands et ses petits similaires d'antan.

Les 2,500 éléments qu'il développe dans 2,000 pages — la compilation du Didot-Bottin donne 3,500 sur 3,000 — et que *Paris-adresses* fournit pour dix francs, ces renseignements ne sont vraiment pas trop payés en un volume conditionné comme celui-là.

Rien de nouveau cependant dans sa méthode des classements techniques. Une petite innovation instructive vers la fin de l'ouvrage qui attribue à chacune de nos voies publiques son origine étymologique. Pour ce qui est de son adjonction du nom de propriétaire aux principales maisons de nos rues, cela me semble d'un intérêt bien aléatoire.

Mais la réclame, ce mensonge de bonté de la typographie moderne, n'abandonne pas sa prérogative dans *Paris-adresses*.

Nous y voyons, tout comme chez ses aînés, certaines insertions vingt fois répétées. A ce propos je ne puis me défendre d'une réflexion.

Comment ferait l'ouvrier en chambre (atelier de famille) qui, malgré sa situation modeste, est fort souvent la véritable origine d'un produit d'exportation, comment ferait-il avec ses modiques ressources pour élever l'effet de son insertion en caractères nº 2 — 6 gras à la hauteur de la réclame en caractères 5 — 18 gras? car de la quatrième page des journaux, leur terrain normal, nombre d'annonces aussi chères qu'illusoires se sont faufilées jusque dans nos annuaires. — Vous ne savez pas répondre à cette question, lecteur? Eh bien, je le ferai pour vous au dernier chapitre qui sera la conclusion pratique de mes recherches théoriques. Auparavant une monographie encore.

.•.

Paris, par HACHETTE.

1897.

« Paris est foyer, travail, incubation,
« Creusot, renaissance, vie, transformation. »

C'est sous l'évocation de cette apostrophe de Victor Hugo que Messieurs Hachette et Cⁱᵉ recommandent la première édition de leur annuaire *Paris*. — D'accord.

Mais là où je me permets de signaler mon désaccord, c'est quand ils s'appuient sur Cormenin, le célèbre et philanthropique jurisconsulte, pour prétendre que « vingt-cinq millions de Français ne lisent d'autre livre que l'almanach ».

Si l'auteur des « Orateurs parlementaires » qui a exprimé cette opinion vingt-deux ans avant sa mort survenue en 1868, donc il y a un demi-siècle, si le vicomte de Cormenin vivait encore, il n'émettrait pas une pareille métaphore dans ses « Entretiens de village ».

Oui, au temps jadis lorsque Almanachs et Annuaires — qui ne sont pas, à mon avis, « des livres jumeaux » — s'étaient bornés aux notions indispensables au foyer domestique. Mais aujourd'hui, où l'utile et le futile se confondent en tout, les vingt-cinq millions de Français ne lisent que trop d'autres livres.

Cela est si vrai que les éditeurs de l'annuaire *Paris* résument les éléments de leur « Dictionnaire de la vie quotidienne » (sous-titre de leur volume) en énonçant 88 articles sans compter cent mille adresses et six cents gravures.

Mes lecteurs se souviennent peut-être que parmi les quarante monographies *almonacales* que j'ai pu leur narrer, il s'en trouve quatre dont les récits démontrent des efforts techniques dignes d'attention. Leurs auteurs ont mis de l'ambition à réunir sous le plus petit volume le plus de renseignements possibles.

Ce sont : Chantoiseau en 1770, Lemoine en 1790, Bailleul en 1805, Amyot en 1865. On ne saurait dénier à la maison Hachette le mérite de chercher une fois de plus la réalisation du tour de force tenté par ces quatre préexistants.

Condenser aujourd'hui leurs multiples informations en un très petit volume à très bon marché, est une tentative qu'on doit encourager. Et on n'accomplit qu'un acte de justice en souhaitant à cette publication qui débute, le profit et la popularité auxquels elle a droit.

.·.

Le Répertoire consulaire, par ALFRED BÉNARD.

1900.

« Nul n'est prophète en son pays. » Je ne saurai avoir l'outre-cuidance de vous fixer aujourd'hui sur ce qui se fera d'ici à 1900. Mais comme **le Répertoire consulaire** constitue une évolution libérale et non une révolution spéculative, on me permettra d'en parler dès à présent.

Dans l'ordre économique comme dans la sphère sociale ne sont durables que les choses bien étudiées. Chef d'une famille qui entretient des relations commerciales dans les quatre parties du monde, doyen de la Société de statistique de Paris, membre de notre Société de Géographie universelle, j'ai pu étudier l'insignifiance à l'étranger de nos annuaires en tant qu'instruments d'échange. Je dis *nos* annuaires parce qu'il n'en est pas ainsi chez nos rivaux.

Nous, Français, nous nourrissons la supposition que nos Consuls sont exclusivement chargés de nos intérêts professionnels. Quelle erreur ! Ceux d'entre nos 550 agents consulaires, qui sont consuls de carrière, et c'est la majorité, remplissent des fonctions beaucoup trop complexes pour pouvoir se consacrer à la seule égide de nos transactions. D'ici j'entends dire : mais que font donc ces fonctionnaires pour les six millions que nous leur allouons annuellement ? Ce que font ces utiles délégués ? Je vais vous l'apprendre, persuadé que je suis que les nombreux détails de leurs missions ne seront pas sans vous étonner un peu.

Ils s'occupent d'actes administratifs; d'armements de navires, de certificats, correspondances, douanes et marchés ; d'états civils et inventaires ; de juridiction, légalisations et litiges ; d'actes de naissance, de mariage et de décès ; de documents maritimes et militaires ; de naufrages et navigation ; de sauvetages et rapatriements ; de pêche, patentes et police ; de pièces notariées ; de transcriptions, transits et vérifications ; de vacations, visites et procès-verbaux.

Cela n'empêche pas nos exportateurs de considérer ces agents comme aptes à nous procurer des clients alors que nous n'avons jamais pensé à offrir à nos consuls un bon instrument aux fins voulues, c'est-à-dire un **Répertoire** méthotique de nos produits. Une encyclopédie d'adresses qui n'a fait que croître et embellir depuis Chantoiseau (1770) ne suffit plus à nos besoins de fiévreuse expansion. S'il est vrai que le Didot-Bottin est très utile, il n'est pas moins vrai que cette utilité est très relative. Étant donné le poids d'environ 5,000 grammes pour chacun de leurs deux volumes, il faudra bientôt dans nos bureaux un employé spécial pour le service d'annuaires qui pèsent dix kilogrammes. Aux valet de chambre, valet de pied et valet de ferme on alliera le valet des *Bottins*, ces gros livres que ni dames ni vieillards ne pourront déplacer seuls.

Ne m'accusez pas, je vous prie, de critiquer par amour-propre d'auteur, pour avoir deux fois dans ma carrière effleuré la question consulaire (21). Je ne fais que constater avec le gouvernement lui-même que de loin comme de près notre action mercantile décline et qu'elle a besoin d'aide. Lisez dans l'*Officiel* d'octobre dernier « l'activité des postes consulaires », lisez dans l'*Officiel* de novembre « l'exposition d'Amsterdam ». Vous serez édifiés. Mais comment voulez-vous que des hommes dont les facultés

---

(21) *Le Traité de commerce franco-allemand.* Paris, 1865.
Les Consuls français et le Moniteur officiel. Pithiviers, 1885.

patriotiques sont absorbées par plus de trente éléments généraux puissent encore veiller, sans notre assistance, au développement de nos intérêts spéciaux ? Croyez-vous qu'un volume monstre qui assemble, selon les hasards alphabétiques, acier et amidon, agences et avocats, nourrices et nouveautés, orfèvres et orphelins, peintres et pédicures, soieries et souricières, qu'un tel amalgame puisse être un bon guide professionnel ? Non certes. Il faut autre chose.

Notre industrie nationale comprenant huit généralités ou divisions majeures, il faut munir nos représentants officiels de huit cahiers correspondant chacun à une généralité, subdivisée en classes et groupes, sections et spécialités. Là on insérera chaque industriel à sa place véridique et impitoyablement une fois pour toutes : *the right man in the right place* « l'homme qu'il faut, là où il faut ».

Le marchand étranger qui tient des draps ou des foulards trouvera l'indication du fabricant spécialiste dans le cahier des textiles, tandis que celui qui vend des livres et fournitures réclamera du consul le cahier consacré à l'instruction. Faite sous les auspices de nos Syndicats professionnels, cette bibliothèque de l'industrie française deviendra pour nos consulats le guide introducteur de nos produits dans leurs résidences respectives. Ces annuaires d'un nouveau genre se répandront partout où pénètre la renommée française, autant dire dans les deux hémisphères.

Peut-être me rappelez-vous ma promesse d'œuvre féminine ? Je réponds qu'une fois les difficultés des classements, des distributions professionnelles et des détails subsidiaires vaincus, on pourra en abandonner le labeur matériel à des femmes. Notons que ce sont des travaux sans mortes-saisons et qu'il n'y a pas en France d'exemple de grèves dans le cycle des almanachs de commerce.

Ne pouvant malheureusement soulager toutes les déshéritées, force serait de faire un choix. Eh bien, ce choix est presque fait. Ou l'on offrirait la partie manuelle aux veuves et orphelines de militaires ou bien à des compagnes et enfants de facteurs. Le mérite militaire, il n'y a pas de cœur français qui l'ignore ; le mérite postal, pour être peu connu, n'en est pas moins important. Si vous saviez, comme moi, quel est parmi les facteurs le nombre des principales victimes de leur devoir depuis Escoffon (1796) jusqu'à Bazire (1896), vous en seriez douloureusement impressionnés (22).

---

(22) Jean Escoffon était ce fameux courrier de Lyon qui fut assassiné près de Melun le 8 floréal an IV par un inconnu, à la place duquel on guillotinait par mégarde le

Reste à vous dire quel serait le type rationnel que je propose en renonçant pour **le Répertoire** aux nombreuses et encombrantes superfluités qui remplissent la plupart des annuaires connus. Je puis, sans crainte de plagiat, vous en faire confidence ; car déjà ont été remplies les formalités de protection française et étrangère qui découlent du Décret de juillet 1793, de la Loi de juillet 1866 et du Traité de Berne de 1886. Je vais donc mettre sous les yeux du lecteur un spécimen tiré du cinquième de mes huit cahiers (Métaux bruts et ouvrés). Vous pourrez ainsi juger en connaissance de cause.

---

citoyen Lesurques qui couchait cette nuit-là dans Paris, rue Montorgueil, nº 38. — Frédéric Bazire est le matelot-facteur du bateau à vapeur *la Gironde* qui sauva, au péril de sa vie, nos dépêches à Constantinople pendant la récente révolte des Arméniens

LES
ANNUAIRES PARISIENS

DE MONTAIGNE A DIDOT

1500 à 1900

PAR

Alfred B. BÉNARD

RÉPERTOIRE CONSULAIRE DE L'INDUSTRIE FRANÇAISE

Cinquième cahier. Classe des métaux.
Groupe du fin.

TROIS DIVISIONS : **Matières, traitement, produits;**
DEUX SUBDIVISIONS : **Corollaires et accessoires.**

SPÉCIMEN D'EXTRAIT

PARIS, 1897.

RÉPERTOIRE CONSULAIRE

Métaux fins. Matières.

Aluminium	pur.	Adam.	Rue d'Aboukir.
	allié.	Bernouly.	Impasse Borda.
	en lames.	Carré.	Rue Cortambert.
	en tubes.	Delcourt.	Passage Didot.
Argent...............	en feuilles.	Emelin.	Cour d'Eylau.
	en grammes.	Frémy.	Quai Franchetti.
	en poudre.	Grandsir.	Cité Garnier.
Maillechort	avivé.	Hérié.	Rue Hallé.
	extra blanc.	Jamain.	Avenue d'Italie.
	en planches.	Kalyre.	Rue Kléber.
Or...................	en barres.	Lyon.	Rue Lacretelle.
	en lingots.	Minot.	Rue Montyon.
	en traits.	Namon.	Passage Niel.
Platine	en fils.	Orelli.	Boulevard Ornano.
	en mousse.	Pernay.	Cour Proudhon.
	en plaques.	Quénault.	Rue Quincampoix.
	en pointes.	Rondel.	Rue Rambuteau.

Métaux fins. Traitements.

Affineurs....	de métaux précieux.	Salleron.	Rue Saint-Denis.
	de nickel et platine.	Thomas.	Rue du Temple.
Analyses... .	de métaux et minerais.	Urbin.	Rue des Ursins.
Apprêteurs..	de boîtes et charnières.	Vuadier.	Place Viala.
	de brisures et chatons.	Waille.	Cour Wattignies.
Argenture. .	mate, sablée, instantanée.	Xavier.	Rue Xaintrailles.
	niellée et damasquinée.	Yvosse.	Rue de l'Yvette.
	vieil argent et sur acier.	Zernin.	Rue Zacharie.
Dorure.......	sur argent (vermeil).	Albert.	Rue d'Avron.
	au mercure et à la pile.	Bonamy.	Rue Bagnolet.
	oxydée et ors de couleur.	Chopard.	Place Cadet.
Émailleurs..	en armoiries et chiffres.	Dyonis.	Cour Dampierre.
	en cloisonné et orientaux.	Evrard.	Rue des Envierges.
	sur bijoux religieux et profanes.	Figeac.	Passage des Fourneaux.
Essayeurs...	des alliages et titrages.	Guillot.	Quai de Gesvres.
	pour banques et commerce.	Hardy.	Rue des Halles.
Estampeurs.	en fin et demi-fin	Ivelin.	Impasse Jacquemont.
Fondeurs ...	de déchets et résidus.	Klein.	Cité Kellermann.
	soudures d'or et d'argent.	Lavigne	Rue Lacuée.
Graveurs....	sur or et argent.	Marchand.	Boulevard Magenta.
	sur maillechort et plaqué.	Nicolas.	Place Notre-Dame.
Lamineurs..	pour or et argent.	Oudin.	Rue Oberkampf.
	pour doublé et chrysocale.	Pascal.	Impasse Planchette.
	tréfilage et étirage.	Quentin.	Rue des Quatre-Fils.
Laveurs.....	de cendres d'atelier.	Renard.	Place de la République.

Métaux fins. Produits.

1° Bijouterie.

Agrafes, boucles, bourses	Simon.	Rue Saint-Antoine.
Anneaux, alliances, bagues............	Théroude.	Passage des Taillandiers.
Articles artistiques et héraldiques......	Urgine.	Rue d'Ulloa
Bélières, clefs, mousquetons...........	Vacher.	Avenue Victoria.
Boucles, bourses, boutons...........	Werly.	Rue Watteau.
Bracelets, chaînes, colliers.............	Xémart.	Passage de Xalapa.
Broches, boucles d'oreilles, épingles,...	Yvan.	Cité de Yun-Nan.
Articles de bureau, nécessaires, toilettes.	Zanarel.	Impasse Zanzibar.
Croix, cœurs, articles de religion........	Achard.	Rue d'Allemagne.
Filigranes d'or et d'argent............	Bordier.	Rue de la Bastille.
Articles de fumeurs et de priseurs......	Champagne.	Rue Charlot.
Monnaies, médailles, médaillons.......	Dantoine.	Place Dauphine.
Ordres français et étrangers...........	Essart.	Quai de l'École.
Ordres maçonniques.................	Ferrond.	Sentier des Falaises.
Peignes et pommes de cannes..........	Gaye.	Boulevard de la Gare.

2° Joaillerie.

Aigrettes, broches, épingles...	Huet.	Galerie du Havre.
Bagues et boutons................. ...	Ivon.	Passage de l'Industrie.
Brillants et diamants montés..........	Kerne.	Rue de Kabylie.
Camées, coraux, pierres et perles.......	Lambert.	Rue La Tour-d'Auvergne.
Châtelaines garnies....................	Magnier.	Cité Malte-Brun.
Corbeilles de mariage.................	Nollet.	Rue Nicolas Flamel.
Couronnes, diadèmes, corsages.	Olivier.	Rue d'Orléans St-Honoré.
Croix et brochettes.......	Pérodeau.	Rue de Palestro.
Parures et demi-parures	Quénel.	Rue du Quatre-Septembre.

3° Orfèvrerie.

Sectionnée comme les susdites trois divisions, l'orfèvrerie d'argent présente à son tour environ douze spécialités dont voici les principales :

Pièces d'arts, de courses et de tirs.
Candélabres, flambeaux, lampes, veilleuses.
Couverts de tables et coutellerie de luxe.
Cristaux montés sur argent blanc ou vermeil.
Articles d'église, burettes, calices, ciboires, crucifix.
Articles d'hôtels, de cafés, de restaurants.
Nécessaires de toilette de ville et de voyage.
Grosses orfèvrerie : corbeilles, plateau, vaisselle, etc.
Petite orfèvrerie : coquetiers, hochets, ronds de serviettes, etc.
Services à déjeuner, à liqueur, à chocolat, à thé.
Services de tables, jégneux, tasses, timbales.
Vannerie métallique.

Les deux subdivisions comprennent :

1° les *Corollaires*.

de la bijouterie .. l'industrie du doré, du doublé, du deuil, de l'acier,
les croix d'imitation, les rubans d'ordre ;
chaque branche ayant ses spécialités respectives.

de la joaillerie.... l'industrie du stras et la mise en œuvre,
les faux coraux, perles et pierres;
également par spécialités chaque.

de l'orfèvrerie.... l'alfénide, le ruolz, le métal blanc,
le maillechort, le nickel, le platine,
le plaqué et l'argenture sur acier;
toujours sectionnés en branches spéciales.

2° les *Accessoires*.

des trois branches. tels que les outils des émailleurs, des graveurs, et
des polisseuses; les brunissoires et la pierre sanguine ;
le drap et le buffle; les anses et poignées; la gainerie,
les balances, poids et trébuchets; les produits chimiques.

CHERS LECTEURS, CHÈRES LECTRICES,

La voici terminée mon étude des annuaires. J'ignore naturellement l'accueil que vous lui réservez.

Mais un pays qui illumine le frontispice de sa Constitution par la devise de Lafayette ''Liberté, Égalité, Fraternité'', ce pays ne méjugera pas des efforts que font les faibles en faveur de plus faibles qu'eux.

Dans cette pensée, permettez au vieillard, qui prend congé de vous, de clore par l'épigraphe d'un livre de sa jeunesse (*Mémoire sur le Commerce et l'Industrie*, Paris, 1850) :

« Heureux, s'il doit en résulter quelque bien, d'apporter à l'édifice commun une modeste pierre servant à sa consolidation plutôt qu'à un effet de luxe d'un éclat éphémère. »

ALFRED B. BÉNARD,
Ancien Vice-Consul.

IMPRIMERIE LEMALE ET Cie, HAVRE

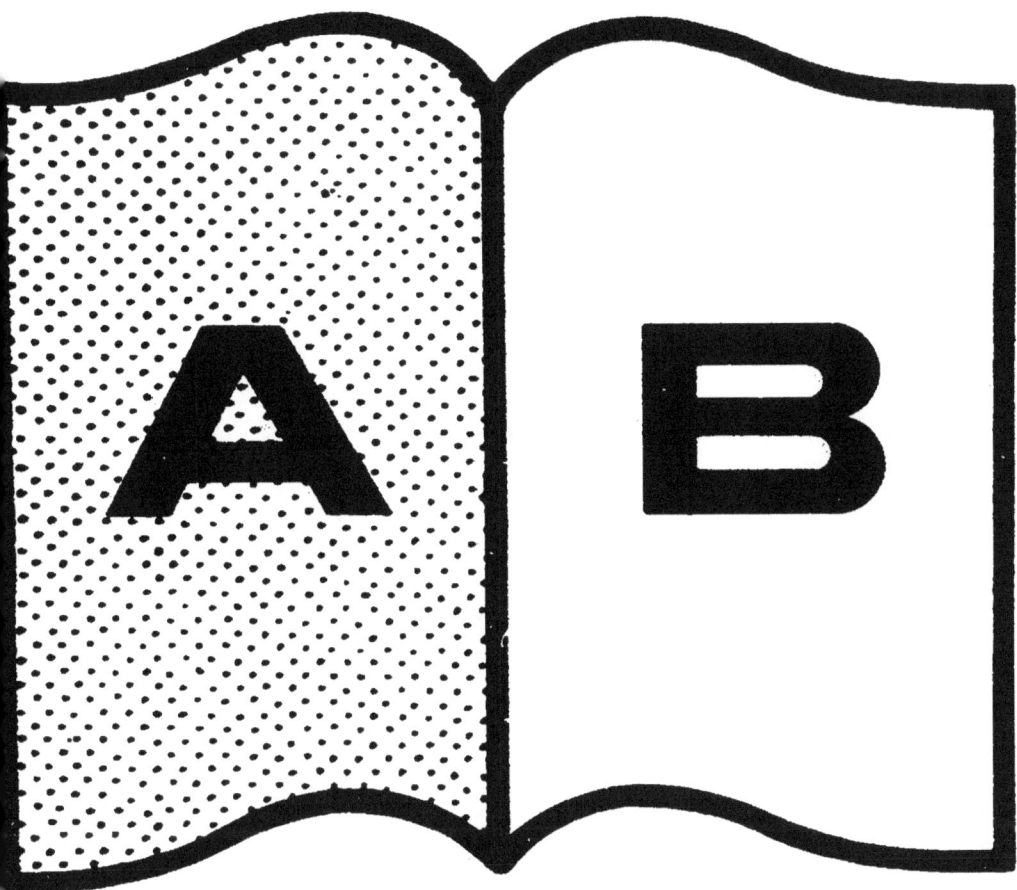

Contraste insuffisant

NF Z 43-120-14